해결을 넘어 성장으로

애들아, 마실 가자!

얘들아, 마실 가자!

© 김강묵·정희정·박한숙·김윤기·김수정·이준원·강은정, 2016

1판 1쇄 인쇄 __ 2016년 04월 20일
1판 1쇄 발행 __ 2016년 04월 30일

지은이 __ 김강묵·정희정·박한숙·김윤기·김수정·이준원·강은정
펴낸이 __ 홍정표

펴낸곳 __ 글로벌콘텐츠
　　　　 등록 __ 제 25100-2008-24호

공급처 __ (주)글로벌콘텐츠출판그룹
　　　　 대표 __ 홍정표　이사 __ 양정섭　디자인 __ 김미미　편집 __ 송은주　기획·마케팅 __ 노경민　경영지원 __ 안선영
　　　　 주소 __ 서울특별시 강동구 천중로 196 정일빌딩 401호　전화 __ 02-488-3280　팩스 __ 02-488-3281
　　　　 홈페이지 __ www.gcbook.co.kr

값 12,800원
ISBN 979-11-5852-092-2 03370

얘들아, 마실 가자!

해결을 넘어 성장으로

김강묵·정희정·박한숙
김윤기·김수정·이준원·강은정 공저

글로벌콘텐츠

'마음을 나누는 교실'을 꿈꾸며

'피해자와 가해자 중 누구에게 더 마음이 많이 쓰이세요?'

대부분의 선생님들은 피해자에게 마음이 더 쓰인다고 합니다. 더러는 가해자라고 답하는 선생님도 계십니다. 이번엔 바꿔서 질문해 봅니다.

'누구에게 더 힘이 많이 쓰이세요?'

이 질문엔 고민 없이 가해자라고 답합니다. 돕고 싶은 마음은 피해자에게 더 가는데 정작 교사의 노력과 열정은 가해자에게 돌아가나 봅니다. 공격성 강한 저 아이만 어떻게 변하면 모든 문제가 해결될 것 같아서 매달렸건만 좀처럼 변하지 않는 아이의 모습에 지쳐가는 선생님 모습이 선하게 그려집니다. 한편 누군가의 도움이 절실히 필요한 아이에겐 정작 아무런 힘도 되어주지 못한 채 안타까운 눈빛으로 바라만 보고 있는 선생님 모습도 그려집니다. 이런 불일치가 일 년의 시간을 뒤돌아 볼 때 선생님에겐 도대체 변하지 않는 아이 데리고 내가 무얼 한 거지? 자괴감과 허탈함만이 남을 것 같습니다. 성공적인 경험을 가진 선생님들도 많으시겠지만 저희에겐 선생님들의 아픔이 더 크게 와 닿는 것 같습니다. 저희가 겪는 아픔이기도 하니까요.

한 선생님이 말합니다.

"이 아이가 폭탄이란 건 한 눈에 알아 봤습니다. 하지만 저도 주변의 어느 누구도 폭탄을 해체하는 방법을 몰랐습니다. 제가 할 수 있는 일은 폭탄이 터지지 않게 뇌관을 부여잡고 일 년을 전전긍긍하는 것이었습니다. 정작 약한 아이를 위해서 제가 한 일이 아무 것도 없었다는 걸 깨달았을 땐 정말 가슴이 아팠습니다."

약하고 상처받은 아이를 어루만져주고, 같이 아파하고, 위안이 되어주는 선생님. 처음 발령받기 전 꿈꾸던 선생님 본연의 모습을 되찾고 싶었습니다.

스스로 문제를 해결하고 서로를 성장시키는 교실

수업은 어느덧 학생중심을 넘어 배움이 일어나는 곳을 바라보고 있습니다. 생활지도는 학생중심, 배움중심이면 안 될까 의문이 생깁니다. 학교가 존재하는 이유를 세상에 나가기 전에 미리 연습하고 준비하는 곳이라 생각해보면 내가 찾은 정답을 알려주기보다는 스스로 찾을 수 있도록 도와주는 곳이었으면 합니다. 문제를 해결하기 위해서 자신이 어떤 힘을 가지고 있는지 찾아보고 그걸 알아차릴 수 있도록 도와주고 싶었습니다.

그래서 여기에 제시된 방법들은 아이들의 숨겨진 힘으로 스스로 문제를 해결하고 서로를 성장시키는 데 초점이 맞춰져 있습니다.

가해자 중심의 교실이 약한 피해자를 배려 하고 같이 아파해주는 교실로 되기를 바랐습니다. 한두 사람(교실에선 주로 교사)의 노력으로 아이들 사이의 힘의 균형이 맞춰지는 게 아니라 아이들 따뜻한 말 한마디 한마디가 모여서 누군가에겐 위안과 위로가 되고, 누군가에겐 압력이 되어 힘의 균형을 맞출 수 있도록 도와주는 일이어야 했습니다. 두려움이라는 생존본능을 딛고 일어서지 않아도 될만큼 어렵지 않고 쉽게 할 수 있는 방법이어야 했고, 교실에서 일어나는 문제를 남 일로 여기지 않고 내 문제처럼 아파하고 같이 고민하는 아이들로 거듭나길 바랐습니다.

김연아의 안무코치인 데이비드 윌슨의 이야기는 많은 걸 생각하게 합니다.

"어머니는 나를 키운 이유에 대해 자신의 곁에 두기보다 세상에 내보내기 위해서라고 이야기했는데……"

내 곁에 두기보다 세상에 내보내기 위해서는 학교는 할 수 있는 일이 무엇이 있을까요? 아이들 스스로가 가진 힘으로 문제를 해결하고, 서로를 성장시키는 성공감을 통해 한걸음 더 나아갈 수 있게 지켜주는 곳이어야 하지 않을까 생각해 봅니다.

한계

"이 프로그램을 활용하면 교실에서 학교폭력이 사라질까요?"

"우리 반 상황은 좀 달라서 적용하기가 어려울 것 같은데요?"

'마실'은 학교폭력을 예방하기 위해서 교실의 문화를 바꾸는 것을 목표로 합니다. 교실의 문화를 바꾸어 나가는 일은 밥 먹듯 일상적으로 일어나야 하는 것이지 한두 번 해봤는데 되고 안 되고를 판단할 수 있는 것은 아닌 것 같습니다. '마실'이 후속처리 방법까지 제안을 하고는 있지만 일상적인 노력 없이 사안이 생겼을 때 적용한다고 해서 성공적으로 마무리될 수 있을지에 대해서는 확신을 하기는 어렵습니다.

선생님이 학교폭력상황을 알아차렸을 땐 대개 문제가 커질 대로 커지고 난 다음인 경우가 많습니다. 이런 일들에는 하나의 사안만 존재하지 않는 것 같습니다. 그 이전에 켜켜이 쌓인 많은 일로 비롯된 것들이 대부분인데 '마실'은 사소한 다툼에서 갈등을 해결하도록 돕습니다. 이런 활동들을 통해서 교실에서 용납되는 행동과 용납되지 않는 행동의 한계를 배워나가는 과정이기를 바랍니다. '마실'을 통해 서로를 바라보며 마음을 나누는 과정으로 이해되었으면 합니다.

있는 그대로 듣고 말하기

캐나다의 'Perfect baby'라는 학교폭력예방프로그램이 성공할 수 있었던 가장 큰 이유는 교실에 등장한 생후 3, 4개월 된 '아이'에 있지 않나 생각해 봅니다. 이 '아이'는 세상의 경험이 거의 없다시피 하기에 자신만의 가치, 감정으로 사람을 판단, 평가하지 않습니다. '있는 그대로' 바라보기에 교실의 또 다른 큰 아이들도 '있는 그대로' 사람을 대하는 방법을 배우게 됩니다. 사람을 '있는 그대로' 바라볼 수 있는 이 '아이'야말로 'Perfect baby'가 아닐까 생각합니다.

수학을 잘 가르치는 선생님이 있었습니다. 수학은 잘하지도 좋아하지도 않는 과목이어서 열정을 가지고 가르치는 선생님을 보면 신기할 따름이었습니다.

"이상하죠? 제가 어렸을 때 어려워하던 부분은 지금 아이들도 어려워하더라구요. 제 아이 키우면서 아이가 얼마나 어려워하는지 새삼 느꼈어요. 그 힘듦을 덜어주고 싶었어요."

내게는 가장 딱딱하고 재미없는 수학을 가르치는 선생님도 아이들의 마음을 '있는 그대로' 헤아리고 있었나 봅니다. 자기들이 어디서 어려워하고 얼마나 힘들어하는지 아는 선생님이 가르치는 수학이기에 그 반 아이들은 수학을 즐거워했고 또 잘했습니다.

서로를 있는 그대로 받아들이고 이해하는 것. 공동체의 시작점이 아닐까 생각해 봅니다.

아이들이 '마실'활동을 마치고 난 뒤,

"그냥 장난이었는데 ○○이 한테는 얼마나 속상하고 화났을지 이해가 돼요."

"○○이가 화날 거라는 생각은 안 해봤니?"

"아뇨. 화날 거 알았죠. 이렇게까지 속상해할 줄은 몰랐어요."

상대의 마음이 어떨지 알아차리는 '감정이입'할 수 있는 사람으로 자랐으면 합니다. 드러나지 않는 마음을 알아차릴 수 있게 표현하기 위해선 '

공감', '있는 그대로 듣고 말하기'를 생활 속에서 쉽게 쓸 수 있기를 바랍니다. 하지만 '있는 그대로 듣고 말하기'를 배워서 쓰기에는 너무 많은 시간과 노력을 필요로 했습니다. 선생님들에게 정말 도움이 될 거라 확신하지만 모든 선생님들과 아이들이 배워서 쓸 수 있을까 의구심이 생길 정도로. 그러던 중 대학원 동기였던 김명신 선생님과의 인연으로 초등상담나무의 '공감대화카드'가 세상에 나오기 전부터 만날 수 있었고, 좀 더 쉬운 방법을 찾던 우리에게 '공감대화카드'는 한줄기 빛이 되었습니다.

'마실'이 탄생한데에는 또 다른 도움이 있었습니다. 학교폭력상황을 명확하게 바라볼 수 있게 도움이 되었던 평화샘. 교육의 본질에 대해서 이야기 나눌 수 있는 오랜 친구이자 늘 자극이 되는 구미교육지원청 권석광 장학사님. 고민하고 생각하는 사람에게는 지극히 당연하지만 많은 선생님들은 그 당연한 것에 목말라한다며 격려해주었기에 용기 낼 수 있었습니다. 우리가 주춧돌이 될 수 없음에 주저할 때 작은 '고임돌'이 건물을 지탱할 수도 있다며 격려해주었기에 가능했던 일이었습니다.

지금의 작은 몸짓에 지나지 않을 우리의 노력과 또 다른 많은 선생님들의 노력이 모여서 '마음을 나누는 교실', 꿈이 현실이 되길 바랍니다. 작은 울림이 모여 세상을 울릴 커다란 반향이 되길 꿈꾸어 봅니다.

'각자의 자리에서 작은 성공사례를 위하여!'

목차

2장 마음을 나누는 교실

1장

어긋난 시선,
상처받은 아이들

1. 도둑년이라 불린 아이

열정샘에게 아픈 기억이 있다. 꺼내서 다시 돌이켜 보는 것만도 아프다.

작년, 새로운 학기가 시작되고 얼마의 시간이 지나지 않아 현정이가 혼자라는 걸 알아 차렸다. 현정이는 늘 활기를 잃은 채 가만히 있기만 했고 쉬는 시간이면 긴 목을 빼고 어깨는 잔뜩 움츠린 채 주변을 경계의 눈초리로 바라보고 있었다. 어쩌다 열정샘과 눈이 마주칠 때면 늘 그래왔다는 듯 슬픈 눈빛을 하고 있었다.

학기 초 바쁜 일정 속에

'상담해야 하는데……'

마음만 뻔하고 쉽게 시간이 나질 않았다. 어쩌면 피하고 싶었는지도 모른다. 감당하기 어려운 문제면 해결도 못하고 내 무능함만 드러나는 건 아닐까? 그러던 어느 날 이메일이 날아왔다.

"선생님, 저 너무 힘들어요. 죽고만 싶어요. 애들이 절 도둑년이라고 놀려요."

짧지만 그냥 스쳐 지나가기엔 너무 큰 슬픔으로 느껴졌다. 열일 젖히고 아이와 상담을 시작했다. 오랜 시간 상담을 통해서도 열정샘의 마음과는 달리 아이는 자신이 도둑년이라고 불리게 된 이유를 제대로 이야기하지 못했고, 힘들다는 것 외엔 별다른 말을 들을 수 없었다. 누가 따돌리는지, 무슨 일이 있었는지를 세세하게 이야기하기엔 고자질하는 것 같아 조심스러웠나 보다. 가뜩이나 왕따당하고 있는 상황에서 다른 아이들을 일러바쳤다는 소문까지 난다면 상상하기도 싫었을 것이다. 살짝 질문을 달리 해 봤다.

"네가 진짜 바라는 게 뭔지 이야기해 볼래?"

"친구들하고 사이좋게 놀았으면 좋겠어요."

"네가 원하는 대로 친구들하고 사이좋게 잘 지내게 되었어. 누구와 놀고 있을까?"

그제서야 몇 명의 친구 이름을 천천히 떠올렸다. 이 아이들의 이름이 현정이에게 어떤 의미가 될지는 모르지만 이야기의 실마리가 될지도 모르는 일이었다. 상담은 10,000조각 직소퍼즐과 비슷해서 처음엔 이 그림이 무슨 그림인지, 이 조각이 어디에 들어가야 맞는 건지, 도대체 맞기는 한 건지 도무지 알 수가 없지만 이런 작은 조각들이 맞춰지다 어느 순간 전체 그림이 눈에 들어오곤 했다. 이야기가 계속 되면 될수록 현정이를 따돌리는 친구들이라는 걸 느낄 수 있었다.

"그 친구들 만나면 어떤 말하고 싶어?"

"잘 모르겠어요. 뭐라고 해야 할지……"

그 친구들과 맞닥뜨렸을 때 하고 싶은 말을 준비시켰다. 두 차례 더 상담을 진행한 뒤에야 겨우 그 아이들과 만나서 이야기할 용기를 내보겠다고 했다. 어렵게 결정 내리곤 다른 친구들을 만났다.

"현정이가 혼자 지내는 게 안타까워서 이야기해봤더니 너희들이랑 친하게 지내고 싶은데 조심스러워서 말 꺼내기가 어렵다고 하더구나. 그래서 선생님이 도움이 되고 싶었단다."

"우린 할 말 없는데요?"

"할 말도 없는데 만나자니 당황스러운가보다."

"당황스러울 것도 없어요. 그냥 할 말도 없는데 만나서 뭐 하려구요?"

"무슨 말이 하고 싶대요? 선생님 통해서 들으니까 기분 나빠요."

"그렇잖아요. 하고 싶은 말 있으면 직접 하면 되지. 선생님 통하니까 우리가 뭐 큰 잘못한 것 같잖아요."

쏘아붙이듯 전해지는 말들이 열정샘의 마음을 아프게 짓누른다. 그렇다고 아픈 마음을 숨기고 아닌 척 하고 싶지는 않다.

"선생님 통해서 전해 들으니까 니들이 뭔가 잘못했다고 비난하는 것처럼 들려서 억울했나 보다."

"네."

"그 억울함이 선생님이 왜 나서냐고 원망하는 것처럼 들려서 섭섭하네. 너희들 사이에 조금이라도 도움이 되고 싶었을 뿐인데. 선생님 진심이 받아들여지지 않는 것 같아서 서운해."

애들아, 마실 가자!

"저희한테 원하시는 게 뭔데요?"

"내가 바라는 건 만나서 솔직하게 이야기 나누는 거."

"만나기만 하면 되는 거예요?"

"사이좋게 지내라 이런 말씀 하실 건 아니죠?"

"너희들이 어떻게 해결하라고 할까봐 신경 쓰이고 부담스러운가 보다."

"부담스럽죠. 저희가 잘못한 게 없는데 뭘 해야 되는지 모르겠어요."

"잘못한 것도 없는데 현정이를 위해서 무언가를 해야 된다는 게 받아들이기 억울하겠다. 나한텐 현정이한테 할 말도 없는데 만나는 게 무슨 의미가 있을까 의구심도 들테고. 선생님도 너희가 만나서 어떻게 될지는 잘 모르겠다. 선생님이 바라는 건 만나서 서로 어떤 마음인지 이야기를 나눠 봤으면 하는 거야. 너희가 어떻게 하기를 정해놓고 만나기를 바라는 건 아니란다."

"뭐, 그런 거라면 만나요. 무슨 할 말이 있을지는 모르겠지만요."

그렇게 어렵게 석연찮은 만남을 가졌다. 현정이는 한참을 나만 바라보며 말해도 될까를 수없이 망설이는 것처럼 보였다. 현정이를 따뜻하게 바라보았다. 용기 내기를 기다리며 응원하는 마음으로

"너희들이랑 친하게 지내고 싶은데……. 어떻게 말을 해야 할지 모르겠어."

그렇게 수없이 연습했건만 정작 만나자 할 말이 무엇이었는지 다 날아가 버린 것 같았다. 다만 현정이의 떨림만이 고스란히 전해졌다. 만남의

과정만큼이나 무겁게 서로 말이 없었다. 현정이가 놀고 싶다던 친구들은 입을 앙다문 채 말을 않았다. 얼마의 시간이 흘렀을까

"전, 현정이가 그렇게 밉지 않았어요. 근데 채연이가 밉다고 해서, 친구니까 그냥 같이 미워했어요."

약간의 시간이 흐른 뒤,

"저두요."

그렇게 한두 명씩 채연이를 지목했다. 채연이 낯빛이 변해가는 게 느껴졌다. 다들 채연이 눈치를 보는 듯 아무런 말도 못한 채 무겁게 침묵이 흘렀다. 침묵이 채연이에겐 압력으로 와닿았을까

"너, 3학년 때 우리 집에서 저금통 훔쳐 갔잖아."

열정샘에게 채연이는 참 참한 아이였다. 채연이의 분노에 가득 찬 얼굴이 낯설기 짝이 없었지만 무슨 일이 있었는지 궁금했다.

"어떻게 나한테 그럴 수가 있어? 우린 친구였잖아."

3학년 때 둘은 단짝이었다. 채연이 집에 와서 같이 놀다가 잠자리에서 늦도록 수다떨곤 하던 사이였다. 그랬는데 그토록 친하다고 믿었던 현정이가 저금통을 몰래 가방에 넣는 장면을 보고 말았다. 말하고 싶었지만 친한 친구라 믿었기에 차마 말할 수가 없었다.

"미안해, 너한테 미안하다고 말하고 싶었어. 근데 용기가 나질 않아서……. 정말 미안해."

차마 말 못하고 어색하게 4학년이 되면서 반이 나뉘자 자연스레 둘은 멀어졌다. 그리고 잊혀졌다. 그런데 5학년이 되면서 같은 반이 된 거다. 친

구였기에 이해해야 된다고 마음먹었지만 자꾸만 커져가는 미움을 어쩔 수 없었다. 더 화가 나는 건 미움이 싹트도록 만든 현정이를 용서할 수가 없는 자신을 바라보는 일이었다.

"왜 이렇게 날 나쁜 아이로 만들었니? 왜 널 이렇게 미워하도록 내버려 뒀니?"

현정이는 마음으로 무릎 꿇고 채연이에게 다가갔다.

"미안해. 정말 미안해. 날 미워하는 거 당연해. 네가 나한테 미안해하지 않았으면 좋겠어. 난……. 그때……. 네가 정말 부러웠어. 좋은 아파트에, 좋은 음식에, 따뜻하고 자상한 엄마, 좋은 냄새나는 너희 집이 정말 부러웠어. 너희 집에서 즐겁게 놀다가 집에 돌아가면……"

"저금통 없어져도 신경도 안 쓸 줄 알았어. 아니, 그냥 가지고 싶었어. 부럽고 샘났어. 그러면 안 되는데……. 그러면 안 되는데……"

현정이는 그게 그냥 저금통이겠거니, 그렇게 여유로운 집에 그깟 저금통 하나쯤 없어져도 괜찮을 거라고 스스로의 행동을 별스럽지 않게 위안 삼았었나보다. 그런데 채연이에겐 그냥 저금통이 아니었다. 친구를 사랑하는 마음을 그렇게 도둑질당했던 것이었다.

눈물로 사과를 했고 도저히 풀리지 않을 것 같던 채연이도 같이 눈물을 흘리며 친한 친구에 대한 배신감, 친한 친구였기에 말하지 못하는 답답함, 다른 사람도 아닌 자기한테 그럴 수 있는지 서운함, 얼마나 자기도 힘들었는지 이야기했다. 같이 있던 아이들도 여느 여자아이들이 그렇듯 같이 눈물 흘리며 공감했다. 그리곤 두 아이는 다시 친해졌다.

그렇게 문제가 해결이 되는 듯했다. 그런데 주변에 있는 상황을 전혀 모르면서 "도둑년"이라고 부르는 아이들을 어떻게 가르쳐야 할지 난감하기만 했다. 며칠은 조심스럽게 현정이를 대하던 채연이도 주변아이들의 행동을 거스를 수 없었는지 아이들 속으로 숨어들고 말았다.

2. 아이들 이야기에 귀 기울이다

상담을 통해 아이들을 만나고 열정샘이 할 수 있는 모든 것을 다 했다고 생각했다. 문제는 해결한 듯하지만 2% 부족함 때문에 아이들을 성장시키지는 못했다고 생각하니 속상하고 무엇 때문인지 알아차릴 수 없어서 답답하기만 했다. 책 어디에서도 학교상담의 가려운 부분을 긁어주지 못했다. 더 이상 아이들에게 할 수 있는 게 없다고 생각하니 남모를 열정이 샘솟던 열정샘의 열정도 사그라지는 느낌이었다. 매 순간 열심히 애써왔지만 물밀듯 밀려드는 자괴감을 어찌하기 힘들었다.

견디기 힘든 좌절감에 옆 반 선생님을 찾았다. 어느 순간 옆 반 선생님은 열정샘의 안식처였나 보다. 별스럽지 않게 내뱉는 공감 한마디 한마디가 열정샘의 마음을 마구 요동치게 만든다. 딱히 꼬집어 말씀해주시진 않지만 이야기를 나누며 가슴속 깊은 곳에 살아 있는 열정이 되살아나는 것 같았다. 이렇게 좌절하고 아파하는 것 자체가 성장통을 겪고 있는 것 같았다. 그렇지만 어떻게 해결하는지가 문제다.

긴 시간 열정샘의 탄식 어린 하소연을 듣던 선생님은

"열정샘이 가장 바라는 게 뭐였죠?"

"아이들이 성장하는 모습을 보고 싶어요."

"아이들이 진정으로 성장하는 모습을 보기 위해서 열정샘이 하고 있는 일은 어떤 게 있을까요?"

"선생님도 잘 아시다시피 아이들과 상담하는 거요. 제가 할 수 있는 게 그거밖에 없다는 사실이 저를 무기력하게 만들기는 하지만요."

"상담을 통해서 아이들을 성장시키려 많이 애쓰는군요. 지금은 마음대로 잘 안 되어서 기운이 빠져 있기도 하지만."

"네, 제가 하고 있는 상담이 문제가 있나 싶어서 상담 과정을 곰곰이 되짚어 보기도 하고 어쩌면 빠뜨린 부분이 있겠다 싶어서 책도 더 찾아보기도 했지만 답이 잘 찾아지질 않아요. 늘 책을 보면 답이 있어서 기뻤는데 책을 통해서도 답이 찾아지지 않으니까 정말 어찌해야 할지 모르겠어요. 책도 가르쳐 주지 못하는 걸 일개 현장의 교사가 무얼 더 할 수 있을까요? 정말 막막해요."

여기까지 말하던 열정샘은 무언가 머리를 한 대 제대로 얻어맞은 것 같았다.

[책에서 답을 찾다]

'교사이면서 왜 책에서 답을 찾고 있지? 네가 진정으로 바라는 건 아이

들이 삶 속에서 스스로 문제를 해결하고 성장할 수 있도록 도와주는 거잖아.'

열정샘은 벌떡 일어났다.

"선생님, 저 아이들 만나야겠어요."

옆 반 선생님은 알 듯 모를 듯 미소만 짓고 계신다. 열정샘은 언제나 그 미소가 자신을 믿고 응원해주고 기다려주겠다는 뜻으로 받아들여졌다. 확실히 답이 찾아진 건 아니지만 어쩌면 내가 만나고 있는 이 아이들이 하는 이야기를 다시 귀담아듣다 보면 어쩌면 답이 나올지도 모르겠다 싶었다.

1) 가해자를 바라보는 눈길들

(1) 타락한 전사

반 아이들을 무조건 만나야겠다는 생각이 강하게 들었다. 나중에 어떤 결과가 나올지 모르겠지만 아이들 이야기 속에 답이 있을 것 같았다. 하지만 당장 아이들이 집에 가버리고 없는 이 순간, 내일 아이들을 만나면 어떤 이야기들이 나올지, 왜 이렇게 밤은 길고 시간은 더디 가는지 잠 못 이루는 열정샘이었다.

긴 밤을 보낸 열정샘은 강욱이와 가장 가까운 창민이에게 물었다.

"넌 강욱이 보면 어떤 생각이 들어?"

"강욱이요? 멋있잖아요."

"멋있다고?"

"네."

충격이다. 이런 대답을 바랐던 건 아니었다.

'다른 친구를 괴롭히는 강욱이를 멋있다고 여겨? 여기에 어떻게 말을 이어나가야 할까? 당황하면 안 되는데? 근데 어떻게 강욱이를 멋있다고 할 수 있지? 이렇게 순진한 눈빛으로.'

기대하지 않았던 이야기에 대한 당황스러움과 이런 말을 하는 창민이에 대한 실망. 동시에 밀려드는 복잡한 마음들이 열정샘을 흔들리게 만들었다. 다만 여기서 다시 물러서면 더 이상 갈 데가 없다는 절박함이 열정샘을 다시 무언가 질문을 이어가게 만들었을 뿐이다.

"멋있다는 건 친근하고 편안하다는 말이니? 선생님은 멋있는 사람 보면 다가가고 싶고, 친하고 싶고, 따라 하고 싶은 마음이 들던데."

"에이, 따라 하고 싶고 친하게 지내고 싶긴 하지만 친근하고 편하진 않죠. 강욱이 얼마나 무서운데요. 아마 애들이 선생님보다 더 무서워할걸요?"

"무서워서 멋있어 보인다는 말로 들리네?"

"그렇죠. 남자 애들은요, 정말 힘이 세서 두려움이 들 정도가 아니면 멋있어 보이진 않아요. 한 번 붙어서 내가 이기고 싶은 마음은 들겠지만요."

"멋있을 정도가 되려면 한판 붙어 볼 생각조차 들지 않아야겠네."

"예, 누가 강욱이한테 대들어요. 말도 안 돼요."

그러고 보니 몇 년 전 가르쳤던, 이제는 중3이 된 두 아이가 떠올랐다. 남자아이의 성적은 바닥을 헤맸지만 강한 아이였다. 학교도 오고 싶으면 오고, 술, 담배 등 뭐든 하고 싶은 건 다 한다고 했다. 여자아이는 전교 1등에 성격 활달하고 리더십 있는 정말 예쁘고 참한 아이였다. 그런데 그 둘이 사귄다고 했다. 도대체 이해가 되지 않았지만 창민이 이야기를 들으니 조금은 이해가 된다. 어쩌면 여자아이에게 남자아이는 자신은 엄두도 못 내는, 어른들의 불합리한 세계에 대들어서 일그러진 세상을 바로잡으려는 전사 같은 존재로 비치지는 않았을까? 비록 힘없는 아이들에게 군림하는 타락한 전사이긴 하지만……. 타락한 전사는 단지 나약한 존재에 대한 감정이입능력이 부족할 뿐이었다.

(2) "선생님, 다시는 그때로 돌아가고 싶지 않아요."

이진이는 전학 온 아이다. 순진하고 예쁘장하게 생긴 아이였지만 얼마 지나지 않아 반 친구들이 피하는 아이가 되었다. 반 친구들은 이진이가 쏟아내는 뒷이야기며 욕설에 기분 나쁘고 싫지만 그냥 참고 지냈다. 자주 친구들 사이를 갈라놓는 말들을 퍼뜨려서 이간질하고, 교묘하게 주변 친구들을 아프게 했다. 선생님이 이런 이야기를 들을 땐

'이진이가? 설마……'

그런 나쁜 말들을 쏟아 냈을 거라곤 상상하기 어려웠다. 적어도 열정 샘에겐.

"선생님은 직접 못 들으셔서 그래요. 얼마나 재수 없게 말하는데요."

"맞아요, 이진이 정말 재수 없어요. 싸우면 제가 이진이 얼마든지 이길 수 있어요. 솔직히 이진이가 뭐 있어요? 이빈이 믿고 저러는 거잖아요. 진짜 재수 없어."

아이들은 그동안 쌓여 있던 묵은 감정들을 쓰레기통에 쏟아 붓듯 마구 토해냈다. 열정샘이 모르는 아이들의 마음을 마주하고 보니 좀 더 아이들을 살펴봤어야 하는데, 이렇게 힘들어할 동안 모르고만 있었던 자신이 실망스러웠다. 그리고 이빈이에 대한 궁금함이 더 커졌다.

이빈이는 이진이와 늘 가까이 지내니 이진이를 좀 더 이해하고 있지 않을까? 무엇이 저 아이를 입에 담지 못할 말들을 표정 하나 바뀌지 않고 내뱉을 수 있게 했을까? 늘 같이 다니는 이빈이는 다르지 않을까 기대를 가지고 만났다.

"이진이요? 걔 미쳤어요."

"이진이랑 친하게 지낸다고 생각했는데 당황스럽네."

"친하다구요? 걔랑 친하다고 생각한 적 한 번도 없어요. 이진이는 제가 누가 밉다, 싫다 한마디만 하면 왕따시키고 괴롭혀요. 저도 다른 애들 괴롭히지만요, 이진이는 정말 타고났어요. 아니면 그렇게 못될 수가 없어요."

"그렇게 못되고 친하다고 한 번도 생각한 적 없는 아이랑 친하게 지내기는 쉽지 않을 것 같은데?"

"뭐, 나쁘진 않아요. 제가 미워하는 애들 괴롭힐 땐 속이 후련하기도 하고, 뭐 너무 심해서 이해가 안 되기도 하지만요. 아 참, 애들이 이진이만 미워하지 절 미워하진 않더라구요."

이빈이는 이진이를 이용하고 있었던 것 같았다. 자신을 덜 나쁜 아이로 만들어주는 이진이와 같이 다니는 게 괜찮은 계산법으로는 보였다.

작정을 하곤 이진이를 만났다.

"유유가 요즘 들어 무척 힘들어하기에 물어봤더니 친구들이 자기랑 안 놀아주고 보기만 해도 피한다고 하던데?"

"그걸 왜 저한테 물어보세요?"

"유유가 따돌림당하는 이유가 이진이한테 책임 있다는 걸로 들려서 불편하고 억울한가 보다."

"네, 유유가 따돌림당하는 게 저랑 무슨 상관있다고요. 그런 건 유유한테 물어보셔야 되는 거 아녜요?"

열정샘은 버릇없이 대드는 이진이 말투가 거슬렸다. 어쩌다 이 아이가 이렇게 꼬였을까. 자신의 억울함만 보고 다른 아이들의 상처는 돌보지 못하는 이기적인 태도에 큰 실망을 느꼈다. 불청객처럼 불쑥 찾아드는 이런 감정 때문에 매순간 힘이 든다. 끝까지 공감하고 듣자니 솔직하지 못한 내 모습이 싫고, 버릇없는 아이들을 제대로 가르치지 못하는 건 아닐까 하는 불안감에 휩싸였다. 그렇다고 이 아이의 잘못을 따끔하게 가르치자니 지금껏 어렵게 만든 관계가 무너져서 상담이 어렵게 되는 건 아닌

얘들아, 마실 가자!

지 매 순간 고민되고 헷갈렸다. 교사로 기능해야 하는지 상담가로서 기능해야 하는지 답을 찾기 어렵다. 가르침을 줄 수 있는 존재가 있는 것도 아니고 모든 걸 혼자서 고민하고 판단하고 책임져야 하는 고독한 존재임을 느꼈다.

"저 3학년 때 다른 친구들에게 따돌림당했을 때 정말 힘들었어요."

뜬금없이 내뱉는 말에 반갑기도 당황스럽기도 했다. 표정 없이 말하는 이진이에게서 진심을 느끼기도 어려웠기에 무얼 말하려 하는지 알아차리기 힘들었다.

"친구들한테 따돌림당했을 때 너무 힘들었나 보다. 이진이에게 어떤 의미인지 궁금해."

"정말 죽을 것 같이 힘들었어요. 그땐 아무도 안 도와줬어요. 엄마도 선생님도 그냥 친구들에게 잘하라고만 했어요. 시키는 대로 했죠. 제가 할 수 있는 건 다 해본 것 같아요. 먹을 것도 사다 주고, 가방도 들어주고, 그 아이들이 원하는 건 다 해봤어요. 그런데……"

열정샘의 마음이 쿵하고 내려앉는 것 같았다. 혼자서 살아남기 위해 싸우고 있을 동안 친구들에게 잘해보라는 어른들의 말에 얼마나 억울했을까, 나는 아무 잘못도 없는데 저 못된 아이들은 가만히 두고 자기를 괴롭히는 아이들에게 잘하라는 말이 절벽으로 등 떠밀리는 느낌이 아니었을까? 조그만 아이가 감당하기에는 너무 버거워 보였다.

"그렇게 힘들게 당하고만 있을 때는 아무도 안 도와준다고 생각하니 외롭고 어찌 이겨내야 할지 막막했겠다. 도움이 되려고 하는 말이 나를 괴롭히는 친구들에게 잘하라는 말이었으니 네 마음 몰라주는 것 같아서 섭섭하고 분하기까지 했겠네."

"그래도 제가 살아남을 수 있는 방법을 찾았어요. 힘 센 아이 옆에 있는 거요."

이진이의 감정 없는 표정이 이해가 되었다. 어떻게 아무렇지도 않게 다른 아이들에게 상처가 되는 말을 내뱉을 수 있었는지…….

"다른 아이들 괴롭히는 거 저도 좋지만은 않아요. 하지만 이빈이 같은 아이가 마음만 먹으면 얼마든지 언제든지 저를 괴롭힐 수 있다는 거 알아요. 제가 뭘 할 수 있겠어요?"

처음엔 자신의 안전을 위해 강한 아이들이 바라는 나쁜 행동들이 불편하고 하기 싫었을 거다. 그러다 자기도 모르게 괴롭힘의 순간을 즐기고 있는 자신을 알아차리곤

'나 자신을 지키기 위해 어쩔 수 없는 선택이었어. 내가 힘들 땐 아무도 안 도와줬잖아. 그런데 내가 나를 지키겠다는데 왜 이제는 나만 나쁜 아이라고 손가락질하는 거야.'

라고 자신을 합리화시키고 자기를 버린 어른들과 세상을 원망하며 순간순간을 버텨 왔나보다.

살아남기 위해서 어쩔 수 없이 강한 아이가 원하는 건 뭐든지 할 수밖에 없었던 조그만 아이의 두려움이 느껴졌다. 언제든 마음만 먹으면 자기를 괴롭힐 수 있는 힘을 가진 존재라는 걸 누구보다도 잘 알기에, 어떤 누구도 도움이 되지 않는다는 걸 몸으로 겪었기에, 싫어도 다른 아이들을

얘들아, 마실 가자!

괴롭히며 지내온 살기 위한 몸부림이 열정샘의 피부에 아프게 와 닿았다.

정말 죽을 것 같이 힘들고 아플 땐 아무런 도움도 주지 않다가 정작 살아남기 위해 발버둥치고 있는 자신에게 다들 나쁜 아이라고 손가락질하고 있으니 얼마나 억울하고 답답할까?

어설프게 가르치려 들었다면 이진이의 속마음을 알아차릴 수 있었을까 생각하니 이진이의 이야기를 끝까지 잘 들었다 싶었다.

피해자는 가해자의 전 단계다

우연히 이진이의 3학년 때 담임선생님을 만났다. 이진이 이야기가 못내 궁금해서 물어보았다.

"이진이? 친구들이 힘들게 한다고 몇 번 이야기하더군요. 그런데 내가 봐선 그렇게 힘들게까지 괴롭힌 건 아니었구요. 가끔씩 안 놀아 주는 정도였는데……. 애가 너무 예민하게 반응해서 좀 그만했으면 싶더라구요. 다른 애들은 아무도 신경 안 쓰는데 이진이만 친구들이 안 놀아 준다고 해서 입장이 참 난감하더라구요. 이진이 요즘은 어때요?"

이진이의 안부를 물어오는 선생님의 말이 공허하게 흩날린다. 어쩌면 이 아이의 아픔을 제대로 알아차리고 위안을 주지 못했기에 스스로 가해자가 되도록 학교가, 선생님이 방관자 역할을 한 건 아닌지 열정샘의 마음을 안타깝게 만든다. 선생님도 무지 애를 쓰셨을 것을 생각하니 더욱 안타까워졌다.

힘센 아이들이 폭탄을 터뜨리지 않게 해야 하는데 폭탄을 어떻게 해체

할지 몰라서, 아니면 해체하다 일어날 여러 불안한 상황 때문에 어쩌지 못하다 뇌관만 건드리지 않으려 전전긍긍하는 사이. 힘센 아이의 기운을 가라앉히려 애쓰고 있는 사이. 이 아픈 아이는 제대로 된 위안도 지지도 받지 못한 채 혼자서 모든 걸 이겨내야만 했었다. 어른들이 어쩔 수 없는 막막함에 이러지도 저러지도 못하고 있는 동안 이진이는 스스로를 방어하기 위해서, 살아남기 위해서 스스로 가해자가 되어 버렸다.

(3) 나만 아니면 돼!

자주 같이 다니고 잘 어울려 노는 안전이, 이슬이, 예리를 한꺼번에 만났다. 이 아이들은 강욱이나 이빈이를 어떻게 볼지 궁금했다. 조용하고 밝고 예의바른 아이들이어서 대하기가 편안했다. 때론 어른스럽게 선생님의 마음도 헤아려줄 줄 아는 아이들이었기에 기대감도 있었다. 어쩌면 유유를 도와줄 수 있을지도 모른다는 막연한 기대…….

"이빈이요? 말 안 하면 안 돼요?"

"말하기가……"

"이빈이에 대해서 이야기했다가 이빈이가 알게 되지 않을까 걱정되나 보다."

"네, 이빈이가 알면 가만히 안 있을 걸요?"

아이들은 이빈이에 대해서 말하는 것 자체를 두려워하고 있었다. 만나는 아이들마다 이빈이는 무서운 존재였다. 선생님께도 말하기 곤란할 정

도였나 보다. 아이들에게 이 정도의 신뢰도 쌓지 못했나 하는 마음 한편
엔 자신을 믿지 못하는 아이들에 대한 섭섭함, 도대체 그동안 이빈이가
어쨌기에 하는 의구심도 함께했다.

그래도 혹시나 하는 마음에

"너희들 마음이 이해는 되지만 유유가 혼자인 게 너무 안타까워. 같이
놀면 어떨까?"

서로 눈치를 보며 선뜻 말을 꺼내지 못했다. 예리가 큰마음 먹었다는 듯이

"선생님 마음은 알겠는데요, 이빈이가 저희도 따돌리면 어떡해요?"

"저는 이빈이 근처에도 안 가고 싶어요. 너무 안됐지만 유유랑 친해지
는 것도 조심스러워요."

이렇게 참하고 바른 아이들조차도 유유에게 친구가 되어줄 수 없게 만
든 건 무엇일까? 이빈이에 대한 두려움으로 인해 교실의 아이들은 방어
자로 나서지 못하고 스스로를 구경꾼으로 만들어 버린 건 아닐까?

가만히 돌이켜보니 열정샘 자신도 이빈이의 시선으로부터 자유롭지
못했다. 수업 도중 눈을 날카롭게 뜨고 있는 이빈이를 보노라면 섬뜩해
서 시선을 피하고 싶은 때가 한두 번이 아니었다. 그럴 때마다 이빈이의
시선을 애써 외면한 채 수업을 하던 못난 자신의 모습이 떠올랐다. 선생
님인 나조차도 이빈이의 시선으로부터 자유롭지 못한데 아이들에게 두
려움을 딛고 일어서라고? 그렇게 이빈이는 두려움을 먹고 자랐나 보다.

> **두려움을 먹고 자라는 가해자**

(4) 예전엔 강한 아이들이 교실의 주인이 아니었다

교실에서 강한 친구에 대한 두려움 때문에 구경꾼이 될 수밖에 없는 아이들. 구경만 하고 있는 친구들 시선을 즐기면서 '이래도 되는구나. 생각보다 혼이 안 나네.' 작은 성공(?) 경험들이 폭력적인 교실을 만들어 왔다. 그동안 정말 이 아이들이 바르게 크기만을 바라면서 많은 노력을 해 왔는데 그간의 애씀이 부질없이 느껴졌다. 어쩌다 우리 학교가 이렇게 되어 버렸을까? 어쩌다 우리 교실이 아이들이 가진 공격성으로 서로를 자극하게 되었을까? 어느 누구 할 것 없이 힘세고 강한 친구 눈치를 보고 그들이 교실의 주인행세를 하게 내버려 두게 되었는지 열정샘의 마음은 안타깝기만 하다.

그러다 우연히 동학년 선생님들과 이야기 나누다 이런 고민을 자기도 모르게 내뱉어져 버렸다. 이런 무거운 이야기 별로 안 좋아하는데 아차 싶었지만 이미 내뱉은 말이라 주워 담을 수도 없었다. 눈치만 보고 있는데 평소 늘 재미있는 이야기로 분위기를 띄우던 선생님께서 열정샘의 무거운 마음을 알아차리셨는지 말을 걸어온다.

"맞아, 예전엔 안 그랬지."

"예전엔 애들끼리 다투는 일 없었나요?"

"아니, 그건 아니고, 우리가 학교 다닐 땐 힘센 애들이 교실의 주인이 아니었지. 내 친구 중에 유독 약하고 말수도 별로 없어서 다른 친구들이 별로 안 좋아하는 병수라는 애가 있었단 말이야."

간만에 옛날이야기할 기회가 생겨서인지 평소보다 더 활기를 띠며 말씀하신다.

"그리고 힘이 센데다 사고는 도맡아서 치고 다니던 재욱이가 있었어. 하루는 재욱이가 병수한테 다가와서는, 참! 병수가 내 짝이었다고 이야기했었나?"

"아뇨, 선생님. 그래서요?"

듣는 이의 호응까지 유도해가며 말씀하시는 능력은 정말 탁월하다. 모두들 옛 학창시절 이야기에 빠져들었다.

"너 안경 쓰고 오지 말랬지. 공부도 못하는 게 안경 쓰고 다닌다고 공부 잘해지냐? 공부도 못하는 게 뭐 한다고 눈은 나빠져선……"

"야, 내버려 둬라. 못 볼 거 너무 많이 봐서 그렇지. 안 그러냐?"

자기네들끼리 키득거리더라구. 병수가 내 짝이기도 했고 평소에 괴롭힘 당하는 게 너무 안돼 보인데다 이 녀석들이 하는 짓이 너무 괘씸한 거야. 자기보다 약한 애들 괴롭히는 게 얼마나 못나 보이던지, 한마디 쏘아 붙였어.

"공부 좀 하자. 시끄럽잖아."

"저 같으면 무서워서 말 못햇을 것 같은데, 선생님 정말 대단하세요."

"선생님 괜찮으셨어요? 한 대 맞으셨을 것 같은데요?"

하하, 그럴 줄 알았지?

"에이씨. 저 ××는 어째 쉬는 시간까지 공부하고 난리야. 재수 없게."

그러고는 교실을 나갔어.

"정말요? 정말 거친 애들이었다면서요?"

그랬지, 걔네들 고등학교 졸업하고 바로 조직폭력배가 되었으니까.

"그런 애들이 한마디했다고 바로 나갔다구요?"

그땐 노는 애들이 교실의 주인이 아니었다니까? 오히려 공부 잘하는 애들이 주인이었지.

"선생님처럼요?"

아유, 뭘 또 그렇게 말을 해. 부끄럽게. 싸움질이나 하고, 사고나 치고 다니니까 학교에서도 집에서도 인정 못 받았던 게지. 끓어 넘치는 혈기는 감당 못하고 학교 밖에서 술 마시고 성질나선 주먹으로 벽 치곤 깁스하고 나타나는 거야. 그래서 물었지. 어쩌다 다쳤냐고.

"말마라. 내가 어제 17대 1로 붙어선. 내가 이 손만 다치지 않았어도 걔들 완전 보내버리는 건데."

이런 허풍이나 떨고 다녔거든. 그게 거짓말인 줄 알면서도 그냥 그러려니 들어준거야. 그런 헛소리까지 다 따져 물으면 걔네들 무슨 재미로 학교 다녔겠어? 지금 생각하니 걔네들도 참 불쌍하다. 학교 오면 얼마나 재미없었겠어? 그래도 그 녀석들 나름대로 의리는 있었다? 약한 애들은 안 건드렸거든. 그때 약한 애들 괴롭히는 건 못난 녀석들이 하는 짓이라고 여겼지. 휴, 그러고 보니 요즘 애들은 왜 이럴까?

선생님 이야기는 '홍길동전'을 할머니께 듣는 것 같았다. 말솜씨도 좋았지만 지금은 다들 힘센 아이들 눈치 보느라 여념이 없는데 예전엔 힘센 아이들에게 맞서 싸울 정의가 살아 있는 시대처럼 느껴졌다. 과거는 늘 아름답게 추억으로 포장되어 나타나곤 하지만 갈수록 약한 아이를 괴롭히는 걸 당연하게 여기는 요즘에 비하면 그래도 따뜻한 시대였던 것 같다. 어쩌면 힘센 아이들이 교실의 주인공이 되는 동안 우리 학교, 선생님들이 이를 방관하고 내버려 둔 것 같아 아프게 찌른다. 하지만 아무것도 하지 않고 넋 놓고 있었다는 비판엔 억울하다. 우리는 제대로 된 방법을 몰랐던 것이다.

2) 피해자를 바라보는 눈길들

(1) 나도 친구들도 다 괜찮은데 왜 유유만 괴롭힘을 당하는 거죠?

비교적 조용하니 말을 않던 예리가 말을 한다. 그렇잖아도 궁금하던 차였다.

"근데요, 유유가 안돼 보이긴 한데요, 왜 걔만 그래요?"

"무슨 말이니?"

조금은 공격적인 말투에 열정샘은 놀라서 되물었다.

"이빈이가 유유 괴롭힐 땐 너무한다 싶어요. 그런데 매일 그러는 것도 아니고 어쩌다 한 번씩인데 유유가 너무 불쌍한 척 하는 것 같아서 보기 싫어요. 이빈이는 저보고 뭐라고 안 해요. 얘네들 보고도 아무 말 안 해요. 적당하게 이빈이가 싫어하는 행동만 안 하면 뭐라 안 하거든요. 유유가 너무 예민해서 잘 울고 겁내니까 이빈이도 재밌어서 그러는 거 같아요. 어떨 땐 제가 유유한테 뭐라 말 걸어도 깜짝깜짝 놀래더라구요. 제가 뭘 어쨌다구요."

"맞아, 유유도 다가가기엔 어려워요. 같이 끼워주려고 해도 눈치만 보는 게 꼭 제가 나쁜 사람된 거 같잖아요."

아이들은 유유에게도 문제가 있다며 한마디씩 거든다.

이미 이빈이 중심으로 잡힌 질서에 적응해 버린 아이들은 쉽게 화살을 유유에게로 돌려버렸다. 어쩌면 유유가 가진 기질이나 생존 본능에 의한 행동 때문에 이런 문제가 만들어진 건 아닌지 의구심을 가지게 했다. 이런 의구심은 손쉽게 유유를 도와주지 못한데 대한 죄책감으로부터 벗어나게 해주었을 것이다.

한편으론 아이들의 마음도 이해가 아주 안 되는 건 아니었다. 가끔 유유가 조금 더 용기를 내서 아이들에게 다가가 주면 어떨까 싶을 때도 있었다. 유유가 아이들에게 다가가지 못하고 쭈뼛거릴 때마다, 참다 참다 분에 못 이겨서겠지만 혼자서 씩씩거리고 있는 모습을 볼 땐 어쩌면 저 아이가 가지고 있는 기질 때문에 아이들이 싫어할 수도 있겠다 싶었다. 그렇게 생각하는 자신이 교사로서 못마땅했지만 그런 마음이 드는 건 어쩔 수 없었다.

얘들아, 마실 가자!

문제로부터 도망가다

그날 밤 열정샘은 잔인한 꿈을 꾸었다.

장마철. 쉬는 시간이면 여느 때처럼 아이들이 어딘가로 사라졌다가 돌아오곤 했는데 이상하게도 아이들 눈에 날카로움이 느껴졌다. 열정샘이 알던 아이들과 너무 달랐다. 그 눈빛이 너무 차가워서 열정샘을 떨게 했다. 이상하게 생각한 열정샘은 아이들을 따라가 보았다. 선뜻 다가가지 못하고 먼발치서 바라본 아이들에게서 이상한 행동을 발견하기는 어려웠다. 무언가에 열중하면서 낄낄대며 다 같이 즐거워하는 모습만 보일 뿐. 점점 궁금해진 열정샘은 뭔데 저렇게 즐거워하는 걸까 싶어서 가까이 다가가 보았다.

아이들은 비를 피해 땅 위로 기어 올라온 지렁이를 밟고는 살려고 발버둥 치는 모습을 보고 깔깔거리며 즐거워하고 있었다. 저렇게 순진하고 착한 아이들이 아무렇지도 않게 생명을 짓밟는 것도 무서운데 즐거워하는 모습은 섬뜩하게만 느껴졌다. 교실로 돌아온 열정샘은 평소 생명이 얼마나 귀중한 것인지 가르치던 것처럼 지렁이가 얼마나 아프고 고통스럽겠냐고 이야기했지만 아이들은

"재밌잖아요."

별스럽지 않게 열정샘의 이야기를 흘려들었다. 별 이상한 말한다는 느낌마저 들었다. 아이들의 잔인한 모습에 실망스럽기도 했지만 어떻게든 지렁이를 괴롭히다 죽음에 이르게 하는 놀이를 멈추어야겠다는 생각이 들었다.

그래서 열정샘은 자신이 잘할 수 있는 걸 해야겠다고 마음먹었다. 바로 가르치는 일이다.

열정샘은 지렁이를 불러다 놓고 정말 열정을 다해 가르치기 시작했다.

"아이들이 밟으니 많이 아프고 고통스럽지?"

열정샘에겐 지렁이가 밟힐 때의 그 고통이 온몸에 전해져 오는 듯했다.

"그래도 니들이 아프다고 발버둥 치니까 아이들이 더 재밌어서 자꾸만 더 밟잖아. 발버둥 치지 말고 가만히 있어봐. 아이들이 재미없어서 안 할 거야."

생명을 존중해야 한다고 그동안 정말 입이 마르고 닳도록 아이들에게 말하고 가르쳤었다. 먼저 실천하는 모습을 보여주는 것이 몸으로 가르치는 거라 믿으며 아이들을 생명체로 존중했었다. 그런데 그 아이들이 그동안의 가르침을 멀리하고 괴롭힘을 즐기고 있는 모습은 이 모든 상황이 자신의 탓이라 여겨졌고 마지막 남은 지렁이를 살리기 위한 마지막 방법에 온 힘을 쏟는 중이었다. 지렁이가 여기에 아무런 반응을 보이지 않는 것만이 아이들의 관심을 없애는 마지막 남은 방법이라 믿었다. 온 힘을 다해 지렁이를 가르쳤다.

지렁이에게 관심을 가져 준 건 열정샘이 처음이었다. 그 말이 너무 고마웠고 어쩌면 참고 견디는 것이 괴롭힘의 순간에서 벗어날 수 있는 유일한 희망처럼 느껴졌다. 마지막 힘을 다해 발버둥을 멈추려 꼼짝도 못한 채 버티고 있을 무렵 열정샘과 눈이 마주 쳤다.

"선생님 가르침대로 저 참고 있어요. 꼼짝도 안 하고 가만히 있어요. 그런데 저 너무 힘들고 고통스러워요. 차라리 죽고 싶어요."

꼼짝도 못한 채 온 몸으로 고통을 이겨내던 지렁이의 생명력이 다한 무기력한 눈빛과 열정샘의 눈이 마주했을 때 소스라치게 꿈에서 깨어났다.

(2) 어디선가 누군가에 무슨 일이 생기면……

이감이를 만났다. 이감이는 늘 반듯한 아이였다. 늘 바른 소리를 해서 애늙은이 같은 느낌도 들었다. 가끔은 너무 바른 말을 잘해서 부담스럽기도 했다. 그래도 고마운 건 유한이가 아무런 제지도 받지 않은 채 괴롭힘 당하고 있을 때 유일하게 강욱이에 맞서 주는 친구였다. 이감이도 강욱이가 두렵단다. 하지만 유한이가 너무 안타까워서 누군가 도와줘야 하는데 아무도 나서지 않으니까 두렵지만 어쩔 수 없이 나서게 된다고 한다. 어쩔 땐 강욱이에게 그러면 안 된다고 유한이를 막아서면 얼마나 긴장했는지 온 몸의 기운이 다 빠져나가는 것 같단다.

"이감아, 그렇게 힘이 많이 쓰이는데 무엇 때문에 그렇게 나서?"

"유한이가 너무 안됐잖아요. 저렇게 괴롭힘을 당하는데도 아무도 안 도와주고……"

오로지 유한이가 안쓰러워 보이는 그 마음 하나로 두려움을 딛고 일어선단다.

"선생님, 근데요. 몇 번 해보니까 이젠 좀 덜 무서워요. 강욱이도 저한테는 좀 조심하는 것 같기도 해요."

여러 번의 경험이 이 아이를 조금씩 성장시켰나 보다.

"강욱이는 조금 덜 무서워졌는데요, 다른 아이들한테 섭섭함은 자꾸 더 커지는 것 같아요. 제가 이렇게 혼자서 맞서면 뭐 해요? 다른 애들이 한마디만 같이 해 줘도 도움이 될 텐데, 정말 한마디도 않더라구요. 오히려 저보고 나대지 말래요. 와! 정말 그래도 돼요?"

주변 친구들의 속마음은 또 달랐다.

"이감이요? 걔도 재수 없어요. 가만히 있으면 될 텐데, 어쩔 땐 이감이가 나서서 강욱이가 더 화날 때도 있거든요?"

"이감이 보면 제 마음이 불편해져요. 제가 봐도 강욱이가 유한이한테 너무한다 싶어요. 마음으로는 정말 도와주고 싶죠. 근데 저는 무서워서 나서지 못하는데 이감이가 나설 땐 저보고 비겁하다며 비웃는 것 같아요. 죄책감 들게 하는 이감이가 불편해요."

"이감이는 멋있죠. 아무도 강욱이한테 맞서지 않는데 이감이는 막 그런데 저는 못하겠더라구요."

아이들 모두가 이감이같이 유한이를 도와주면 좋겠지만 두려움이라는 본능을 이겨내라고 하기에는 어렵다. 자기도 알아차리기 전에 엄습해 오는 녀석이라 어떻게 이겨내고 대처하기가 쉽지 않다.

갈수록 이감이 같은 아이는 찾아보기 힘들어진다.

(3) 사랑이가 본 유한이

사랑이는 유한이를 볼 때마다 안타깝다. 선뜻 나서지는 못하지만 늘 신경이 쓰이는 게 유한이를 함부로 대하는 아이들을 보면 너무한다 싶다. 내가 유한이 입장이면 어떻게 견디고 학교에 다니나 싶은데 선뜻 다가가서 말을 건네기는 쉽지 않다. 친구가 되어주지 못하는 미안함에 눈에 띄게 도움을 주지는 못하지만 보이지 않게 챙겨주는 건 하고 있다. 유한이는 친구들에게 괴롭힘을 당하고 있기도 하지만 준비물을 잘 챙겨오지 않는다. 다른 아이들이 유한이를 쉽게 대하는 이유 중의 하나다. 부모님께서 잘 챙겨주시지 않는지는 모르겠지만 준비물이 없는 경우가 잦았다. 그럴 때마다 아이들은 싫은 표시를 했고 선생님께 일러바치기도 했다. 사랑이가 생각해도 유한이는 좀 너무하다 싶다. 준비물 안 챙기는 것 때문에 친구들이 싫어하면 조금만 신경을 쓰면 애들이 대놓고 싫어하지는 않을 텐데……. 애들도 그렇다. 준비물 없이 온다고 그렇게 싫어할 건 뭐람? 여유가 있을 땐 그냥 준비물을 나눠준다. 어려운 일은 아니지만 그렇게 나눠주고 나면 기분이 좋다. 좋은 일을 했을 때 나 자신에게 주는 조그만 선물처럼 설레고 좋았다. 유한이가 어떻게 느끼는지는 상관없었다. 다른 아이들이 뭐라고 하는 것도 상관없었다. 그냥 기분이 좋아졌다. 유한이에 대한 미안함을 그렇게라도 조금씩 덜고 있었다.

그런데 유한이는 준비물뿐만이 아니라 애들이 싫어하는 이유가 또 있다. 쉬는 시간이면 늘 혼자서 문제집을 푼다. 어쩔 땐 뭔가에 쫓기듯 문제집을 풀고 있는 것처럼 보였다. 혼자 있는 게 너무 안돼 보여서 말이라도 걸라치면 사람 부끄럽게 깜짝깜짝 놀라곤 왜 사람 놀라게 하냐며 짜증 부린다. 그럴 땐 정말 내가 무엇 때문에 저 아이한테 마음 쓰고 있는 건지 의문이 들 때가 있다. 다시는 말 거나 봐라 싶지만 그러다가도 혼자 있는 거 보면 안쓰러운 마음이 스멀스멀 올라온다. 그러다 우연히, 정말 우연이다. 일기장을 거두다 좀처럼 일기를 쓰지 않던 유한이 일기를 보고 말았다.

'힘들다. 정말 힘들다.'

간단한 문장이 꽂혀선 정말 봐서는 안 되지만 읽을 수밖에 없었다.

학원이 너무 힘들다. 학원에서 내준 숙제를 조금이라도 안 하면 난리가 난다. 엄마가 너무 무서워서 쉬는 시간에도 점심시간에도 학원 숙제하느라 허덕인다. 어쩔 땐 친구가 말 걸어오면 깜짝깜짝 놀란다. 정신없이 문제집 푸는데 누가 말 걸면 정말 놀란다. 엄마가 숙제 다 했는지 검사하러 오는 거 같다. 이 마음도 잠시. 이렇게 불안하게 만드는 친구에게 짜증이 나기 시작한다. 평소에는 말 걸지도 않다가 이렇게 바쁠 때 말거는 친구한테 고맙기는커녕 짜증이 났다. 그런데 시간이 지나고 나면 아무도 내게 말 안 걸어주는데 말 걸어준 그 친구한테 너무 고맙고 미안해진다. 다시는 내게 말 안 걸어주면 어떡하지? 내가 먼저 미안하다고 해야 하나? 하지만 어떻게 말을 걸어야 할지, 말을 걸면 싫어하거나 화내지 않을지 무서워서 그냥 바라보고 만다. 이게 나 같으니까. 학원 숙제 챙기다 보면 학교준비물은 자주 잊어버린다. 선생님께 혼나고 친구들이 싫어해도 엄마한테 혼나는 것보다는 났다. 엄마가 학교 준비물 같은 건

안 챙겨가도 된다고 한다.

엄마는 학교보다 학원이 더 중요한 것 같다.

엄마는 나보다 학원이 더 중요한 것 같다.

선생님께서 꼭 보셔야 할 것 같아서 유한이 일기장을 제일 위로 올려놓았다. 그 뒤론 준비물 챙길 때 유한이 것도 챙기려고 애를 썼다.

3) 감정이입이 방어자를 키운다

모든 친구들이 이처럼 약한 친구들의 마음에 '감정이입'해서 얼마나 아프고 힘들지 알아차린다면 얼마나 좋을까 생각해 본다. 하지만 열정샘이 생각하기에도 약한 친구가 얼마나 아플지, 고통스러울지 느껴보라고 한들 강한 친구들에 대한 두려움을 딛고 일어서기에는 모자라 보였다. 이성으로 본능을 이겨내는 게 얼마나 어려운 일인지 열정샘은 알고 있었다. 무엇이 문제인지, 원인이 무엇인지는 알지만 어떻게 풀어내는지 해결책을 찾는다는 건 정말 어려운 숙제였다. 조종례시간마다 '방관도 폭력이다'를 외치고 있고, 아이들도 알아듣는 눈치지만 막상 상황에 부딪치면 입을 다물고 마는 아이들을 어찌해야 할지. 아무리 생각해도 이성적으로 풀 문제는 아닌 것 같다. 여태 이성적으로도 가르쳐 봤고, 가상의 상황 속에서 학습한 내용을 실제 상황 속에서 실천할 수 있도록 도와주는 여러 활동들도 해 봤지만 학습과 행동 사이의 간극은 엄청나게 벌어져 있다는 사실만 확인했다. 물론 그중 한두 아이에게 변화가 생겼다 하더라도 교육적 효과가 없다고 말할 수는 없지만 의미 있는 변화를 가져왔다고 보기에는 무리가 있어 보였다.

열정샘은 또 다른 꿈을 꾸어 본다. 교실에서 자기도 모르는 채 스며드는 두려움을 딛고 일어설 필요 없이 약하고 소외받는 친구의 마음에 감정이입하고 공감하고, 배려할 수 있게 할 수 있다면 어떨까?

아이들에게 '이건 나쁜 짓이야. 그러니 하면 안 돼요'라고 제지하기 보다는 열정샘이 바라는 아이들 모습을 직접 가르쳐 보면 어떨까 생각해 본다. 교실의 아이들 중 다른 친구들의 본보기가 될만한 친구를 찾아본다. 굳이 찾으려 애쓰지 않아도 '이감이'나, '사랑이' 같은 친구가 눈에 들어온다.

두려움을 이겨내고 피해자의 아픈 마음을 알아주는 아이들로 키울 수는 없는 걸까?

3. 학교 안의 또 다른 방관자

아이들 속에서 어떻게 폭력이 구조화되어 가는지 살펴보았다. 아이들을 돌보고 있는 어른들 사이에는 무슨 일이 벌어지고 있을까? 어른들은 아이들에게 벌어진 이 일들을 어떻게 바라보고 있고 어떻게 받아들일지 궁금해졌다. 학생사이에도 방관자가 존재하지만 학교라는 큰 틀에서 보면 교육의 세 주체 모두 방관자가 될 가능성이 존재한다. 학부모는 위기 상황에서 자기 아이를 보호하려는 본능이 이성적인 판단을 흐리게 만든다. 교사 또한 학부모의 태도에 실망감을 느끼곤 감정에 발목 잡히는 경우를 흔히 볼 수 있다. 정말 어른들 속에서는 무슨 일이 벌어지고 있는 걸까?

1) 교사와 학부모 사이

(1) 선생님 이야기 – 도움 요청

아이들과 예전부터 계획해 온 사진전을 준비하느라 하루가 어떻게 지났는지 모른다. 아이들이 집으로 돌아가자 정신없이 몰아치는 일상에 잊었던 피곤함이 물밀 듯 밀려왔다. 조용히 의자에 몸을 묻고 하루를 되돌아본다. 생각보다 활동을 잘해준 아이들 덕분에 뿌듯함이 밀려오는 것도 잠시. 친구들이 모둠활동에 끼워주지 않아서 화를 내던 유한이의 눈빛이 떠오르면서 안타까움에 젖어 들었다. 학원에 가야 한다면서 나서는 유한이를 그렇게 보냈어야 하나 싶었지만 평소와는 달리 유한이는 완강했었다. 어쩌면 학교라는 공간에 잠시라도 머물고 싶지 않았을지도 모른다. 유한이 어머니에게 사실을 알려야만 했다. 강욱이 어머니께는 도움 요청을 해야 했다. 이대로 강욱이를 대하다가는 자신도 모르게 화가 나서 선생님이 해서는 안 될 행동을 할 것만 같았다. 솔직히 강욱이의 공격적인 말과 행동에 지쳐서 어쩔 줄 몰라하는 자신의 모습을 더 이상 보고만 있을 수는 없었다. 그때, 전화가 울린다.

"여보세요?"

"선생님, 저 유한이 엄마에요."

"네, 어머니. 그렇잖아도 전화 드리려고……"

말을 마치기도 전에 울먹이는 유한이 어머니의 목소리가 전해져 왔다.

"애들이 어떻게 그럴 수 있죠? 우리 유한이가 뭘 잘못했기에……"

"많이 속상하셨나 봅니다."

"속상한 게 아니라 화가 나서 못 견디겠어요. 애들이 그러면서 자라겠거니, 유한이도 뭔가 잘못했겠지 하며 다독이려 하는데 더는 못 참겠어요."

당황스러웠다. 공감을 했다고 생각했는데도 받아들여지지 않자 어떻게 해야 할지 머리가 하얗게 지워지는 느낌이었다.

"어머니, 유한이와 이야기해보려 했지만 학원에 간다고……"

"그것도 섭섭해요. 학원 간다고 하더라도 붙잡고 다독여 주셨어야죠. 저 도저히 그냥은 못 넘어 가겠어요. 강욱이, 창민이 부모님과 만나게 해 주세요."

전화가 끊겼다. 어찌해 볼 겨를도 없이. 얼마나 속상하고 마음 아플지 짐작은 가지만 이 느닷없이 벌어진 사태를 어찌 해결해나가야 할지 막막해서 가슴이 답답해졌다. 유한이 어머니가 바라는 대로 안 되었을지 모르지만 나름 애쓰고 있었다. 그런데도 아무 것도 하지 않는 무능한 교사로 여기는 듯한 태도에 섭섭함이 커졌다. 정말 나름대로는 애쓰고 있다는 것만은 알아주기를 바랐다. 설명해야만 알아차릴 것 같았다.

"어머니, 유한이와 이야기 해보려 했지만 학원에 간다고……"

"그것도 섭섭해요. 학원간다고 하더라도 붙잡고 다독여 주셨어야죠. 저 도저히 그냥은 못 넘어 가겠어요. 강욱이, 창민이 부모님과 만나게 해주세요."

'이렇게 내 이야기를 들으려조차 않는데 어떻게 풀어나갈까? 풀리긴 하는 걸까?'

상황에 대한 설명은 실패다. 상황을 제대로 인식하지 못한 상태에서 어떻게 이야기를 할 수 있을까? 어찌되었건 이 일을 해결해야 하기에 강욱이 어머니께 전화를 드렸다. 강욱이 어머니는 어떤 반응을 보이실까? 유한이 어머니 반응을 보고 나니 기가 죽어서 용기가 나질 않는다. 진심은 정말 통하는 걸까?

"여보세요? 강욱이 어머니시죠?"

기어들어가는 자신의 목소리를 귀로 확인하는 순간 서글픔이 물밀듯 밀려들었다.

"네, 선생님. 잘 지내셨죠?"

반가이 맞아 주는 강욱이 어머니 목소리가 고맙다. 어쩌면 생각보다 일이 쉽게 풀릴지도 모른다는 생각에 겨우 힘을 내서는

"네, 오늘 강욱이와 유한이 사이에 일이 생겨서요. 유한이 어머니께서 많이 속상하셨나봐요. 한 번 뵈었으면 하는데 시간 괜찮으시겠어요?"

"아, 네……"

무거워지는 강욱이 어머니 목소리에 선생님의 기운도 덩달아 가라앉기 시작했다.

"강욱이가 때렸나요?"

차갑기까지 한 목소리는 더욱 긴장하게 만든다.

"때린 건 아니구요."

선생님 스스로가 생각해도 장황하기만 한 설명이 이어갔다.

"그러니까, 때린 게 아니란 말이죠?"

"예, 그렇긴 합니다만."

"알겠습니다. 언제 찾아가면 될까요?"

목소리가 차갑다 못해 온 몸이 서늘해지는 것 같다. 아무리 때린 건 아니라지만 분명 강욱이 잘못이 있는데 그런 걸로 문제 삼느냐는 강욱이 어머니의 태도에 어찌 풀어나가야 할지 막막함이 배가 되어 버렸다. 이 일을 잘 풀어나갈 수는 있을지 자신감이 바닥으로 가라앉기만 했다.

(2) 유한이 어머니 이야기

학교에서 돌아온 유한이 표정이 어둡다. 밝은 얼굴을 본지가 언제인가 싶다. 매일 이렇게 어두운 얼굴을 한 자식을 바라보는 게 얼마나 고통스러운 일인지 다른 사람들은 모를 거다. 세상모르고 뛰어 다니며 호기심으로 가득 차서는 귀찮을 정도로 질문이 많은 아이였는데 어느 순간 모든 게 바뀌어 버렸다. 힘들어하는 아들을 바라보면서도 해줄 수 있는 게 없다는 게 더 가슴 아프게 만들었다.

"학교에서 무슨 일 있었니?"

"아뇨."

"표정이 안 좋아 보여……"

"학교 다니기 싫어요."

방문을 쾅 닫고 들어가는데 오늘따라 느낌이 좋지 않다. 매일 어두운 얼굴이긴 했지만 이렇게 차갑진 않았다. 도대체 학교에서 무슨 일이 있었기에……. 궁금해서 견딜 수가 없었다. 좀처럼 입을 열지 않는 아이기에 대답을 안 할 거라는 건 알지만 답답함을 참기란 여간 어려운 게 아니다. 유한이 친구에게라도 물어보고 싶지만 딱히 물어 볼 데가 없다. 어디 전화할 데 없기는 소심한 유한이 어머니도 매한가지였다. 여느 때처럼 이럴까 저럴까 고민하던 중

"언니."

유한이와 같은 반 이감이 어머니 전화다. 친하지는 않지만 그래도 먼저

와서 말 걸어주곤 하던 고마운 사람이다.

"이감이 엄마. 그렇잖아도 전화하고 싶었는데……"

"네, 궁금하실 것 같아서요. 오늘 유한이가 강욱이, 창민이랑 일이 좀 있었나 봐요. 속상해서 어떡해요."

또 강욱이, 창민이다. 여태 그렇게 당한 것만 생각해도 속상하고 답답한데 또 그 아이들 이름을 들으니 아무것도 생각이 나질 않는다. 이감이 어머니의 이야기는 더 이상 귀에 들어오지 않는다. 유한이가 겪었을 상처를 생각하니 왈칵 눈물이 앞을 가리면서 머릿속이 백짓장처럼 하얘졌다.

"이감이 엄마, 다음에 이야기해요."

"언니, 제가 창민이 엄마랑 알거든요. 이야기 한 번 해볼게요."

"걔들이 말이 통하는 아이였어요? 엄마라고 말이 통하겠냐구요. 이만 끊어요."

"언니, 언니. 제 말 좀……"

마음 써주는 이감이 엄마가 고맙긴 하지만 그런다고 문제가 해결될 것 같지 않다. 전화를 끊고 나니 아득해진 머리가 오히려 차가워졌다. 더 이상 유한이가 혼자 이 고통을 겪도록 내버려둘 수는 없었다. 친구들에게 늘 당하고 사는 것도 소심한 자기를 닮은 탓인 것 같아서 늘 미안하고 마음 쓰였었는데 여기서 다시 참기만 한다면 엄마로서 할 일을 못하는 것만 같았다. 살면서 사람들에게 받은 상처 때문에 얼마나 마음 고생했는데 유한이마저 겪을 상처를 생각하니 가슴이 찢어지는 것 같았다. 차라리 그게 나였으면 했다. 내가 사람들에게 상처받는 건 견딜 수 있었지만 내 아이가 상처받는 건 더 이상은 참기 힘들었다.

전화를 들었다.

"여보세요?"

"선생님, 저 유한이 엄마에요."

"네, 어머니. 그렇잖아도 전화 드리려고……"

선생님도 아실만큼 일이 심각한 거다. 애가 이 지경이 되도록 내버려둔 선생님에 대한 원망, 어리지만 유한이를 괴롭히는 아이들에 대한 원망이 섞여서 왈칵 눈물부터 쏟아져 내렸다.

"애들이 어떻게 그럴 수 있죠? 우리 유한이가 뭘 잘못했기에……"

"많이 속상하셨나 봅니다."

"속상한 게 아니라 화가 나서 못 견디겠어요. 애들이 그러면서 자라겠거니, 유한이도 뭔가 잘못했겠지 하며 다독이려 하는데 더는 못 참겠어요."

선생님이 위로하려고 이런 말하는 건 알겠지만 도움이 되지 않는다. 내 마음 위로해주는 것 보다 유한이를 괴롭히는 아이들을 혼을 내던지 처벌을 해서라도 바로 잡으려 애써야 할 때가 아닌가 싶다.

"어머니, 유한이와 이야기해보려 했지만 학원에 간다고……"

아이가 이렇게 상처받는데 학원 간다고 아이를 보내는 선생님이 도무지 이해가 되지 않는다. 이렇게 대충 얼버무리고 넘어가니 애들이 함부로 설치고 다니는 건 아닌지 선생님에 대한 실망이 앞선다. 선생님만 믿고 놔둬선 아무것도 안 되겠다는 생각이 미치자 강욱이 부모님을 직접 만나서 해결해야만 할 것 같았다. 더 이상 약한 엄마로 있어서는 안 될 것 같았다.

"그것도 섭섭해요. 학원간다고 하더라도 붙잡고 다독여 주셨어야죠. 저 도저히 그냥은 못 넘어 가겠어요. 강욱이, 창민이 부모님과 만나게 해 주세요."

(3) 강욱이 어머니 이야기

전화가 울린다.

강욱이 담임선생님이다. 큰애 때와는 달리 강욱이 선생님 전화가 오면 가슴이 철렁 내려앉는다. 선생님들은 큰 일이 생기지 않으면 전화를 잘 안 하는데 무슨 일로 전화를 한 걸까? 불길한 예감에 조심스레 전화를 받는다.

"여보세요? 강욱이 어머니시죠?"

선생님의 목소리가 조심스럽다. 분명 무슨 일이 생긴 거다. 이럴 때일수록 정신을 바짝 차려야만 한다.

"네, 선생님. 잘 지내셨죠?"

애써 밝은 목소리를 가장했지만 떨리는 목소리를 어찌할 수는 없었다.

"네, 오늘 강욱이와 유한이 사이에 일이 생겨서요. 유한이 어머니께서 많이 속상하셨나봐요. 한 번 뵈었으면 하는데 시간 괜찮으시겠어요?"

"아, 네……"

그 짧은 순간에도 제발 아니기를 수도 없이 빌었건만 불길한 예감은 어김없이 들어맞는다. 정말 무엇 때문인지 모르겠다. 정말 잘 키우고 싶었고 정성스레 키웠건만

"강욱이가 때렸나요?"

"때린 건 아니구요."

선생님의 목소리가 점점 작아진다. 아이들끼리 다투기도 하면서 크는 데 때린 것도 아닌 일로 전화하는 선생님이 못마땅했다. 아이들끼리 생긴 별일 아닌 것조차 중재하지 못하는 선생님이 실망스럽기도 했다.

"그러니까, 때린 건 아니란 말이죠?"

"예, 그렇긴 합니다만."

때린 것도 아닌데 이런 일로 문제를 키우는 유한이 엄마도 이해하기 힘 들다. 큰애를 키울 때는 다른 아이들한테 맞고 와도 애들이 그러면서 크 는 거라며 속상해도 참았는데 유한이 엄마는 같이 애 키우는 입장에서 너무 하다 싶다. 물론 속상한 거야 이해하지만 만나서 선을 분명하게 그 어야겠다는 생각이 들었다. 언제까지 이렇게 불려 다니며 죄인 취급받을 수는 없었다.

"알겠습니다. 언제 찾아가면 될까요?"

2) 해결을 넘어 성장을

어떻게 이야기하면 학부모에게 진심을 있는 그대로 전할 수 있을까 늘 고민된다. 많은 학부모와 이야기를 나눠 보고 이런저런 사례를 겪어 봤지 만 학부모가 바라는 게 무엇인지 알아차리는 게 중요하다는 생각이 들었 다. 의외로 학부모가 바라는 건 단순했다. 문제가 불거진 후 만난 학부모

대부분의 경우 "이런 곤란한 일 겪지 않는 것"이라고 대답해 왔다. 언제나 그랬듯이 이런 일을 피하는 건 진정으로 바라는 거라고 보긴 어렵다. 다시 질문을 바꿔서 해 본다.

"이런 불편한 일들이 잘 풀렸습니다. 그렇다면 아이가 어떻게 자라길 바라시는지요."

"그야, 잘 크길 바라죠. 이런 걱정 없이 알아서 잘 해나갈 수 있는 그런 사람으로 자라길 바라죠."

부모 걱정 끼치지 않고 혼자서 문제를 잘 헤쳐 나갈 수 있는 사람으로 자라길 바라는 데는 별 이견이 없었다. 그러고 보니 선생님이 바라는 것과 비슷했다. 선생님의 교육목표도 학생들이 교사의 도움을 받아 사회구성원의 한 사람으로 잘 기능할 수 있도록 돕는 것이었다. 학부모의 바람도 부모 도움 없이 혼자서 잘 살아갈 수 있는 사람으로 키우는 것이라면 다를 바가 없다.

선생님은 그간 있었던 일을 학부모가 받아들이기를 바라는 마음으로 설명하려해 보지만 학부모는 다르게 받아들인다.

'이렇게 잘못하고 있으니 잘 가르치세요.'

'애를 어떻게 키웠길래……'

이런 뜻으로 들렸다. 그래서 학부모는 나름대로 잘 키우느라 애쓰는데 싶어서

"집에선 안 그러는데……"

"선생님께서 잘 봐주세요."

라고 변명을 한다. 선생님에겐 이 이야기가 마치

'집에선 안 그러는데 학교서 문제가 생긴다는 건 선생님이 우리 애를 예쁘게 봐주지 않아서 그런 거 아닌가요?'

라고 들린다. 바라는 건 같았지만 듣는 바는 서로 달랐다. 진심이 있는 그대로 받아들여지지 않는 건 서로에 대해 불안을 안고 이야기를 나누기 때문이 아닐까 생각된다. 학부모는 자기 아이를 선생님이 나쁜 아이로 오해하고 있는 건 아닐까, 이러다 나쁜 아이로 낙인찍혀서 여러 가지 불이익을 당하는 건 아닐까 등의 불안감에 휩싸이게 된다. 선생님은 자신을 탓하는 듯한 묘한 느낌에 자기가 나쁜 교사로 혹은 무능한 교사로 보이지나 않을까 불안이 생겨난다. 이런 불안은 진정으로 무얼 원하는지 알아차리기 힘들게 만들고 스스로를 지키기에 급급하게 된다. 당연히 이야기는 방향을 잃은 채 한없이 떠돌다 서로에게 상처만 남긴 채 자리를 마친다. 불안은 있는 그대로의 세계를 보기보다는 나만이 바라보는 세계에 집착하게 되고, 자기 방어에 급급하게 만든다.

학부모의 태도에 어떻게 반응해야 도움이 되는지 수도 없이 고민을 해봤지만 뾰족한 방법을 찾지 못했다. 학부모들이 이렇게 하라고 해서 이렇게 해보니 저렇게 해야 되지 않느냐고 한다. 저렇게 하면 다시 이렇게 해야 하지 않느냐고 한다. 도무지 어떻게 하는 건지 모르겠다. 피해자 학부모는 이 문제를 해결하기 위해서는 처벌하기를 바라고, 가해자 학부모는 가해자라는 오명을 쓰는 걸 거부하며 책임지기를 회피했다. 선생님은 둘 사이에서 문제가 잘 해결되기만 바라며 이러지도 저러지도 못하며 전전긍

궁했다. 모두가 문제를 해결하기에 급급했다.

우리에게 생긴 문제를 해결하려고만 할 때 잘 풀리지 않았다. 각자의 해법이 너무나도 달랐기에 이를 중재한다는 건 여간 어려운 일이 아니었다. 문제 해결을 넘어서는 무언가가 필요했다. 그러기 위해서는 우리 모두가 바라는 것을 이야기해야만 했다. 모두가 바라는 건 아이들이 잘 자라는 것. 성장.

만나자마자 성장을 이야기한다고 알아차리지는 않았다. 긴 시간 학부모가 겪었을 감정들, 얼마나 아프고 속상했는지 '있는 그대로' 서로 이야기를 나누고 난 뒤 선생님의 이야기를 들을 준비가 되곤 했었다. 그리고 나서야 학부모 자신이 무엇을 바라고 있었는지 알아차리게 된다. 그 긴 시간이 끝남을 알리는 순간은 대개 사실과 잘잘못을 따지는 게 아니라 자신의 감정상태를 말할 때다. 힘들고 속상한 마음에 가려진 자신의 진짜 감정상태를 알아채고 받아들이는 데는 있는 그대로 들어줄 누군가가 학부모에게도 필요했던 것 같다.

"애가 잘 컸으면 좋겠는데 이러니까 너무 속상해요. 내가 뭘 해야 할지도 모르겠어요."

"누구보다 잘 자라길 바라실텐데 도움이 못된 것 같아 속상하고 마음 아프시겠어요."

"그러네요."

"이미 일어난 상황을 돌이킬 수는 없습니다. 이번 일로 아이가 더 잘 성장하도록 돕는 게 저와 어머니께서 할 일이 아닌가 싶습니다."

"그런 거라면 당연히 해야죠. 제가 어떻게 하면 될까요?"

어쩌면 별 다른 시도가 이뤄지지 않을 수도 있다. 이 총체적 난국을 헤쳐 나갈 새롭고 명확한 방법이 있었다면 여기까지 오지 않았을 것이다. 달라진 게 있다면 교사와 학부모에게 서로 의논할 동지가 생겼다는 것? 아이 문제로 너무 힘들 때 서로를 바라보며 이야기 나눌 때 생기는 마음의 여유, 나 혼자서 이 무거운 책임을 다 지지 않아도 될 것 같은, 내가 아니라도 우리 아이를 걱정하고 고민하는 누군가 있다는 사실을 깨닫는 것만으로도 주는 안정감. 이것으로도 아이를 바라보는 시선이 따뜻해지는 걸 느낄 수 있었다. 문제에서 벗어나기 위해 그렇게 애쓰지 않아도 아이가 무엇을 바라는지 바라 볼 수 있는 여유가 생겼다고나 할까? 그런데 이상하게 아이가 달라지는 모습을 확인할 수 있었다. 단지 잠시 잊고 있던, 모두가 진정으로 바라는 것을 알아차리기만 했을 뿐인데……. 이렇게 마음을 나누는 사이 우리에겐 작은 교육공동체가 하나 만들어졌다.

3) 언제 학부모 상담을 해야 할까?

학부모에게 학교로 오라고 연락한다는 것 자체가 큰 용기가 필요한 어려운 과제다. 언제 오라고 해야 하는 게 맞을까? 학부모와의 관계가 좋아야한다는 생각은 막연하게나마 가지고 있지만 도대체 언제 만나야 하는지 어떻게 해야 할지에 대해서는 생각만큼이나 막연하다.

학기 초 한 번씩 다녀는 가지만 인사차 다녀가는 정도인데다 아직 선생님은 학생을 잘 모른다. 학기 초엔 학생들도 선생님은 어떤 분이신지, 반 친구들은 어떤 아이들인지 잘 보이고 싶은 마음에 자기의 여러 모습 중 좋은 모습을 보여주기에 아이들의 여러 모습 중 한 부분만 볼 수밖에 없는 상태이다. 선생님이 이런데 학부모가 우리 아이 좀 어떠냐고 하면 뭐라 대답하기가 난감하다. 게다가 학부모에게 부정적인 말을 전하기가 여간 부담스러운 게 아니다. 선생님에겐 경험적인 사실로 받아들여지지만 자칫 아이를 싫어하고 미워하는 평가의 의미로 받아들이진 않을까 조심스러워서 하고 싶은 말 조금 뒤로 하고 좋은 말, 성장가능성에 대해서만 이야기하고 만다. 학부모도 선생님도 이야기가 피상적으로 흘러갈 수밖에 없다는 걸 서로 잘 안다. 인사치레의 학부모 상담주간은 끝이 나고 정작 해야 할 이야기가 있을 때는 조심스러워서 뒤로 미루고 만다.

학부모와는 언제 소통해야 하는지는 여전히 어렵고 정확한 답이 없다. 사소한 문제로 연락을 하자니 학교에서 그 정도도 처리 못하냐는 비난을 받을 것만 같고, 문제가 커진 다음에 연락을 하자니 그동안 뭐했냐는 비난에서 자유롭지 못할 것 같다. 이런저런 예상 불안은 선생님들을 고민 속에만 머물러 있게 할 뿐, 문제해결에는 도움이 될 것 같지 않다. 어느 쪽이든 선택을 해야 한다.

'마실'은 사소한 일로 연락하고 의논하는 쪽을 선택했다. 처음에는 '도대체 무슨 일로?' 하며 놀라기도 했다. 그러나 작은 일로 의논하고 고민하는 모습을 지켜 본 학부모는 이내 신뢰를 되찾고 자녀 문제를 의논할 수 있는 존재로 여기기 시작했다. 작은 일로 자주 의논해 온 학부모는 큰 문제가

얘들아, 마실 가자!

생겨서 전화하더라도 선생님이 이 아이를 벌주려 하기 보다는 아이의 성장을 위한다는 사실을 알고 있기에 보다 문제에 쉽게 접근할 수 있었다. 꼭 말로 설명하지는 않았지만 그동안 아이를 성장시키기 위해서 얼마나 고민하는지, 어떤 방식으로 아이를 도우려는지 봐 왔었기에 학부모는 교사를 '있는 그대로' 보려 애를 썼던 것 같다. 작은 일로 이야기 나누고 같이 고민해 왔었기에 문제가 생긴다면 이야기해도 되는 사람, 이야기하면 풀릴 수 있는 사람으로 바라본다. 반면 문제가 커졌을 때 갑자기 연락을 하게 되면, 서로의 진심을 알아차리는 데 너무나 많은 시간을 허비해야만 했었다.

학생에게 일어나는 사소한 일들 속에서 학부모와 의논하고 협력관계를 유지하다보면 학생의 행동이 어디까지 허용되는지, 어디까지 혼자서 해결해야 하는지, 어디서부터는 주변의 도움을 받아야 하는지 한계를 분명하게 하게 될 거라 믿는다. 학생뿐만이 아니라 학부모도 학교 교육을 위해 무엇을 해야 할지를 명확히 할 수 있다고 믿는다.

4. '마실'이 바라는 세계

1) 있는 그대로

아이가 태어나서 세상을 향한 발걸음을 내딛는 순간.
아이에겐 여러 가지 감정이 함께할 것이다. 처음 보는 낯선 세상에 대한 두려움, 걱정, 불안 등등이 아이의 온 몸을 감싸겠지만 다행히도 아이 곁엔 든든한 지원자가 있다. 똥을 싸도, 트림을 해도, 얼굴을 찡그려도, 기저귀 가는 도중 오줌을 얼굴에 뿜어도 "있는 그대로" 받아 주고 예뻐해주는 엄마가 있다. 엄마의 존재는 세상에 대한 두려움, 걱정, 불안도 잠재우고 세상에 대한 호기심, 궁금함으로 채워준다. 아이는 세상을 향해 나아간다. 처음 보는 낯선 세상은 정말 흥미롭기 짝이 없다. 모든 게 새롭고 신기할 따름이다. 어디선가 불어오는 코를 자극하는 바람 냄새에 몸을 떨기도 하고, 땅에 떨어진 이상하게 생긴 작은 돌멩이 하나를 주워들었는데, 어라? 그 옆에 보니 또 다르게 생긴 돌멩이가 있고, 그 옆엔 바람에 일렁이는 작은 풀잎새도 있다. 어쩌면 이 풀잎도 아이처럼 바람 냄새에 몸을 떨고 있는지도 모른다.

그렇게 세상에 대한 궁금함으로 채워나가다 고개를 들어 보니 세상이 너무 크다. 한 번도 보지 못한 풍경에 두려움이 온 몸을 감싼다. 울먹이며 두리번거리며 주변을 살피는데 저쪽에서 엄마가 아이를 바라보며 웃고 있다. 아이가 얼마나 무서움에 떨고 있을지 다 알고는

'걱정 마 엄마가 있잖아. 아가, 이리 오렴.'

손짓하고 있는 것 같다. 한달음에 엄마에게 달려와 다리품에 안겨선 세상에 대한 두려움, 걱정, 불안을 잠재운다. 엄마 냄새는 세상 모든 두려움을 잠재운다.

'아가, 문득 혼자라 생각하니 무섭고 겁났구나. 엄마가 항상 널 지켜보고 있으니 언제든 내게 오렴. 엄마는 널 곁에 두기보다는 세상에 내 보내

애들아, 마실 가자!

고 싶구나. 세상이 얼마나 신기하고 아름다운지 많이 느끼고 경험하렴.'

두려움을 잠재운 아이는 다시 세상에 대한 열정이 생긴다. 그렇게 작은 돌멩이 하나에, 작은 풀잎새에 깃든 세상을 경험하면서 한걸음 더 나아간다. 아이가 다시 두려움에 엄마를 찾을 땐 아까보다는 한 걸음 더 엄마에게서 멀리 떨어져 있었다.

이 아이를 바라보는 엄마의 마음으로 내 아이, 그 옆에 있는 누군가의 내 아이에게도 '있는 그대로' 바라봐주었으면 한다. '있는 그대로' 서로를 바라보는 것. 공동체의 시작이 아닌가 한다. 이렇게 시작된 공동체는 '내 아이'를 키우는 게 아니라 '우리 아이'를 키워 왔다.

예전엔 모든 공동체의 구성원들이 교육의 주체였다. 교육에 직접 참여할 수는 없었지만 모두가 가르치고 있었다. 근대화 이전 우리에게 아이의 문제는 그 가정만의 문제가 아니라 온 동네의 일이었다.

'한 아이를 키우려면 온 마을이 필요하다.'

부족한 교육체제였지만 모두가 나섰기에 올바른 교육이 가능했다.

2) 마음을 나누는 교실

예전에 우리 마을을 '마실'이라고 불렀다. 우리 마실엔 항상 좋은 일만 있는 건 아니었다. 대부분 평온했지만 어느 마실에 가도 있음직한 정신이 이상한 아제도 있었고, 술 마시고 고래고래 고함지르는 아제도 있었고, 가끔씩 나타나서는 '마실'을 술렁거리게 만드는 나쁜 짓을 하는 무섭기만한 아제도 있었다. 요즘처럼 아이를 알뜰살뜰 챙겨주지도 못했다.

어쩌다 학교에서 싸움이라도 했다 하면 집에 도착하기도 전에 온 마실 사람이 알고 있었다. 혼날 걱정에 주눅이 들어 몰래 숨어 들어오다 하필이면 동네에서 제일 무서운 아제한테 딱 걸렸다.

"이 놈의 자식, 커서 뭐가 될라카노?"

"아를 그래 머라카먼 되는교? 야가 원래 이런 아가 아인데 우짜다가……. 니만할 때는 다 그란다. 그래도 너그 엄마 생각해서라도 그라마 안댄다 아이가."

앞치마로 눈물 훔치며 같이 아파해주시는 아지매. 엄마 생각하니 죄책감에 눈물이 찔끔 난다.

저쪽에서 술에 취한 아제가 비틀거리며 다가오며 오라고 손짓한다. 오라고 갔다가는 맞을게 분명하다. 주눅 들어서 쭈뼛거리는데

"와 바라. 안 때린다."

"참말로예?"

"니 내 보마 좋나?"

맞을까봐 사실대로 말을 못한다.

"내가 생각해도 한심한데 머가 좋겠노? 쪼매마 더 참았으마 좋았을긴데……"

"……"

"내 니 맘 다 안다 아이가. 그래도 참아라."

아직 결혼 안 한 말썽꾸러기 아제. 이제는 어찌할 수 없을 것 같은 자기 인생에 대한 연민과 회한이 묻어났다.

"아이고, 이 어린기 얼마나 속상했으마……. 화난 거 참느라고 얼마나 힘들었겠노. 어데 맞은 데는 없나?"

언제나 내 편이 되어서 진심으로 같이 아파해주는 고모.

우리 마실에선 나쁜 짓을 하면 어느 누구도 가만히 있지 않았다. 그래서 우리 마실에선 어느 마실에서나 있음직한 이상하고 나쁜 사람들이 한둘 있었지만 그 나쁜 짓이 어느 정도 선을 지켰다. 뒤에서 수군거리며 사실보다는 더 크게 부풀려진 소문들이 떠돌기도 했었지만 이 또한

"다 자식 키우면서 그런 소리 하는 거 아인기라. 누가 자식문제 자신 있는 사람 나와바라."

거기엔 사람에 대한 따뜻함과 단호함이 늘 공존했었다. 그러기에 우리 대부분은 잘 자랐고, 너무 다른 사람들과 함께 공존할 수 있었다.

우리 교실, 우리 학교도 이랬으면 좋겠다. 어느 누구도 남 일처럼 구경만 하고 있는 게 아니라 다 자기 일처럼 아파하고, 기뻐하며, 함께 나누던 곳.

마실.

마음을 나누는 교실.

애들아! 마실 가자!

2장

마음을
나누는 교실

1. 너를 보여줘

개학 3일 전 5학년 3반 교실, 문이 열리고 한 명의 선생님이 교실로 들어온다. 올 해 5학년 3반 담임을 맡게 된 열정샘이다. 긴장되는 마음으로 수업준비도 하고 정리도 할 겸 교실에 먼저 와 보았다. 한창 사춘기에 접어드는 학년이라 많은 선생님이 꺼려 하는 5학년을 혈기 있게 지원한 열정샘이지만 주변 선생님들의 말씀은 그를 불안하게 만들었다.

"남열정 선생님, 올해 5학년은 달라요. 6학년 못지않으니…… 아니 오히려 6학년보다 훨씬 더해요. 각오 단단히 하셔야 될 겁니다."

그런 말을 들으니 작년 6학년 아이들을 지도했을 때의 기억이 떠올랐다. 서열 문제, 왕따 문제, 여학생들의 무리 싸움 등……. 하루도 편할 날이 없었다. 열정샘은 늘 학급에 관심을 가지고 문제를 해결하기 위해 노력했지만 겉보기에는 문제가 해결 된 것처럼 보였을 뿐. 제자리로 돌아간 아이들은 또다시 같은 문제를 반복했다.

얘들아, 마실 가자!

열정샘은 스스로의 자질에 대해 생각하고, 교사의 역할에 대한 고민을 계속했다. 그리고 올해 그동안 고민한 것들을 아이들과 함께 해보고 싶었다. 그래서 긴장감과 부담감을 가지고도 다시 고학년을 선택한 것이다.

'마음을 나누는 교실을 만들어 보자.'

열정샘은 주먹을 한번 꽉 쥐어보고, 교실 정리를 해나갔다.

드디어 개학날.

긴장을 했는지 아침부터 눈이 번쩍 떠져서 학교에 1등으로 도착한 열정샘. 들어오는 아이들을 한 명씩 반가운 얼굴로 인사하며 맞아주었다. 긴장한 표정이 가득한 아이들은 조심스럽게 자리에 앉아서 교과서 정리를 하고, 공책을 뒤적거렸다. 아이들은 서로의 눈치를 살폈고 교실은 조용했다. 그런 조용한 분위기가 내심 만족스러웠던 열정샘은 '서로 마음만 통하면 잘 지낼 수 있겠구나'라는 생각과 함께 컴퓨터 앞에 앉았다. 그때 교실에 전화벨 소리가 울려 퍼졌다.

"5학년 3반 남열정 선생님, 교무실에 내려오세요. 전입생 있습니다."

교무실에 내려가 보니 어디선가 또 5학년을 걱정하는 소리가 들려온다.

"선생님, 올해 5학년이 그렇게 유별나다고 소문이 났잖습니까? 특히 남선생님은 젊으시니 애들한테 휘둘리지 않게 조심하세요."

"네, 그렇게 말씀 많이 하시더군요. 신경 쓰겠습니다."

열정샘은 대답과 함께 얼른 전입생을 데리고 교무실을 빠져 나왔다. 교무실에서 멀어져 갈 때쯤 작은 목소리로 전입생에게 말을 걸었다.

"올해 5학년 엄청 좋아. 선생님들 말씀처럼 유별나지 않으니, 걱정하지 않아도 돼."

"네, 선생님."

가볍게 웃는 얼굴로 대답하는, 요즘 유행하는 앞머리를 한 전입생의 이름은 진이였다.

진이와 함께 교실에 올라오니 아이들이 삼삼오오 모여 있었다. 교실 뒤쪽에서 강욱이와 창민이는 서로 가까이 있음에도 교실이 떠나가라고 큰 소리로 봄방학 때 있었던 이야기를 나누고 있다. 게임에서 만랩을 찍었다는 둥, 요즘 제일 인기 있는 메이커 트레이닝복을 샀다는 둥 다른 친구들의 눈치를 보지 않고 맘껏 이야기하고 있다. 옆에서 조용히 듣고 있던 우동이는 슬금슬금 이야기에 참여하면서 맞장구를 치고 있고, 여자아이들은 강욱이와 창민이 이야기에는 관심 없이 세 명, 네 명씩 짝지어서 아이돌 이야기를 하고 있다. 그리고 몇몇 아이들은 혼자 자리에 앉아 필통 정리를 하고 있다. 열정샘이 들어온 걸 본 아이들이 하나둘씩 자리로 돌아갔다. 모두 자리로 돌아간 후, 열정샘은 진이 소개를 간단히 하고 첫 수업을 시작했다.

첫 수업시간, 새로운 학년을 맡은 이후로 가장 많이 고민했던 활동 중 하나였다. 시작이 반이라고, 처음을 어떻게 시작하느냐가 앞으로 1년을 좌우한다고 생각했기 때문이다.

애들아, 마실 가자!

"지금 우리 반 친구들 이름 다 아는 친구 있나요?"

뜬금없는 질문에 아이들은 멍한 표정으로 열정샘을 바라본다.

"저는 작년 저희반도 잘 몰라요."

강욱이의 대답을 시작으로 아이들의 대답과 질문이 쏟아진다.

"저는 남자는 다 알아요."

"선생님은 저희 다 아세요?"

쏟아지는 반응들, 열정샘은 그 반응을 잠시 멈추고

"맞아요. 서로 아는 친구들도 있지만, 모르는 친구들, 그리고 오늘 처음 만나는 친구들도 있을 거예요. 선생님도 아직은 다 몰라요. 그래서 첫 수업을 소개활동으로 하려고 해요."

활동에 대해서 설명을 이어가려고 하는 중 여자아이 한 명이

"우리가 유치원생도 아니고……"

예리의 목소리였다. 열정샘은 그 말이 신경이 쓰였지만, 나중에 따로 불러서 이야기하기로 마음먹고 설명을 이어갔다.

"하지만 스스로를 소개하는 것이 부끄럽기도 하고, 새로운 친구들에게 말을 거는 것이 어색한 친구들도 있을 거예요. 그래서 오늘은 내 소개를 친구가 대신해줄 거예요."

활동지를 나눠준 열정샘은 설명을 계속했다.

"활동지를 보면 질문이 있죠? 그 질문으로 친구를 인터뷰하고 인터뷰한 내용을 발표할 거예요. 서로를 인터뷰해야 하니 활동지에 있는 질문에

자신이 답변을 먼저 적도록 할게요. 그렇게 1번부터 3번까지는 자신이 할 답변을 적으면 됩니다. 그런데 4번을 보면 질문란이 비어 있어요."

아이들은 활동지를 한 번 살펴보더니 다시 열정샘을 바라봤다.

"4번에는 여러분들이 친구에게 할 질문을 직접 만들어서 인터뷰할 때 활용하세요. 대답하기 곤란하거나 불편하게 하는 질문보다는 1년간 함께 지낼 친구에 대해 궁금한 것, 알고 싶은 것을 적어주세요."

열정샘의 설명 중 이감이가 손을 든다.

"선생님, 그러면 4번은 질문을 제가 적으니까 인터뷰받는 사람은 제 질문이 뭔지 모르겠네요?"

"맞아요. 4번 질문은 질문을 들을 때가 돼서야 그 질문을 알게 되겠죠? 그러니 4번 질문을 한 후에는 친구가 답변을 생각할 수 있는 시간을 충분히 주도록 하세요. 그럼 지금부터 활동지를 작성해주세요."

아이들은 질문이 쉬웠는지 답변을 쉽게 써내려갔다. 3번까지 자신이 할 답변을 써 내려간 아이들이 멈춘 곳은 4번. 짝에게 해야 할 질문을 적는 곳이었다. 아이들은 어떤 질문을 할지 고민에 빠졌다.

"선생님 4번 적을 때 여친, 남친 그런 질문 적으면 혼내실 거예요?"

우동이의 질문에 웃음소리와 함께 아이들의 눈이 모두 그쪽을 향했다.

"그게 우동이가 짝에게 정말 궁금한 거라면 적어도 되겠지? 내가 쓸 수 있는 질문은 하나뿐이니 신중히 생각하고 결정하면 돼."

열정샘의 대답에 아이들은 좀 더 진지해진 표정으로 질문을 만들어 갔다. 아이들의 질문은 다양했다. 이진이는 가장 친한 친구가 누구인지 궁금해했고, 창민이는 좋아하는 운동이 무엇인지 적었다. 그리고 우동이는 결국 남자친구가 있냐는 질문을 적었다.

질문이 모두 완성되고, 짝 인터뷰 활동이 시작되었다.

'요즘 가장 관심을 가지고 있는 것은 무엇이며, 그 이유는 무엇인가요?'

'자신에게 소중한 물건이나 자신을 닮은 물건은 무엇이며, 그 이유는 무엇인가요?'

'습관이나 버릇 가운데 고치고 싶은 것이 있다면 무엇이며, 그 이유는 무엇인가요?'

이 세가지 공통질문과 하나의 개인별 질문으로 인터뷰는 진행되었다. 열정샘은 돌아다니며 아이들의 활동을 가까이서 지켜봤다. 남자 아이들의 관심사는 거의 하나로 통일되었다. 바로 '게임'. 축구에 관심이 있다고 적혀 있는 창민이를 제외하고는 모두 다 게임이었다. 그에 비해 여자아이들은 관심사가 다양했다. 패션에 관심이 있다는 이빈이, 친구들에게 관심이 있다는 하나, 공부에 관심이 있다는 놀라운 대답을 적은 예리까지. 정말 기자가 된 듯 하나하나 질문을 이어나갔다.

인터뷰 활동이 끝나고, 열정샘은 시끌벅적한 분위기를 진정시키고 말을 시작했다.

"활동을 시작하기 전보다 웃는 모습이 많이 보이네요. 짝에 대해서 조금 더 알게 되었다면, 자신이 인터뷰한 내용을 다른 친구들에게 발표해 볼 거예요. 먼저 이야기해 볼 친구 있나요?"

자신의 이야기가 아닌 짝의 이야기를 발표하는 활동이라 그런지 많은 아이들이 부담 없이 손을 들었다. 활동 중에 고개를 숙이고 작은 목소리로 이야기했던 유한이의 이야기가 궁금했는데 마침 유한이의 짝인 하나가 손을 들었다.

"그래! 하나가 먼저 한 번 발표해 볼까?"

열정샘의 말에 하나는 어깨를 쫙 펴고 기자처럼 발표를 시작했다.

"안녕하십니까? 저는 옆에 있는 한유한 학생을 인터뷰했습니다. 한유한 학생이 요즘 가장 관심 있는 것은 게임이라고 하였습니다. 그중에도 애니팡이 가장 재미있다고 하였는데요. 친구들과 놀지 못할 때 게임을 하며 시간을 보낸다고 합니다. 그리고 가장 소중한 물건도 휴대폰이라고 합니다. 1번 질문의 대답과 마찬가지로. 애니팡을 휴대폰으로 하기 때문이라고 합니다. 습관이나 버릇, 고치고 싶은 것은 없다고 하였습니다. 그리고 마지막 5학년이 되어서 가장 하고 싶은 것이 무엇이냐는 질문에는 좋은 친구들을 많이 사귀고 싶다고 하였습니다."

하나의 발표가 끝나자 열정샘이 말을 이어갔다.

"하나가 기자처럼 질문과 답변을 잘 정리해서 이야기해 줘서 인터뷰 내용이 이해가 잘되었어요. 자신의 이야기를 하나에게 잘 전달해준 유한이에게도 고마워요. 더 발표해 보고 싶은 친구 있나요?"

다시 많은 아이들이 손을 들었고 한 명씩 발표를 이어나갔다.

애들아, 마실 가자!

"이제 발표가 어느 정도 끝난 것 같네요. 이 활동을 하고 난 후의 느낌을 한번 이야기해 볼 친구 있나요?"

선생님의 말씀이 끝나자 이감이가 손을 번쩍 들었다.

"그래 이감이가 한번 이야기해 볼까요?"

"자기 소개하면 사실 좀 쑥스럽고 부끄러운데, 짝이 한 말을 발표하니까 그런 게 하나도 없었어요. 오히려 내가 인터뷰한 걸 더 발표하고 싶고 그런 마음이 들었어요."

이감이의 발표가 끝나고 몇몇 아이들이 더 발표를 이어갔다.

"저도 게임 좋아하는데 남자 애들은 다 게임 좋아하는 걸 보고, 올해 남자들이 단합이 잘될 것 같아서 좋았어요."

"내가 이야기한 걸 짝이 발표할 때는 내 이야기를 해주는 게 조금 부끄럽기도 했지만, 고맙기도 했어요."

느낌 나누기가 끝나고 열정샘은 교실 앞에 서서 아이들과 시선을 하나하나 맞추고 난 후 말을 시작했다.

"오늘 활동을 진지하고 즐겁게 해줘서 고맙고, 선생님도 즐거운 시간이었어요. 오늘 활동을 통해서, 그냥 지나가면 넘겨 버릴 수도 있는 친구들의 특징 하나가 얼마나 소중한지 그 의미를 여러분들이 느낄 수 있었으면 좋겠어요. 세상 많은 사람들 중 이렇게 모여서 하나의 반이 되었다는 것은 인연이 있었기 때문일 거예요. 이 인연의 끈을 더 굵고 튼튼하게 하기 위해서 서로를 알고, 서로에게 힘이 되는 3반이 되었으면 좋겠고, 그렇게 될 거라 믿습니다."

　열정샘의 마음이 담긴 이야기에 아이들의 얼굴도 한결 부드럽고 기대에 찬 표정으로 변하였고, 열정샘도 그런 아이들의 얼굴을 보며 행복한 미소를 지으며 수업을 마쳤다.

너를 보여줘

기대효과　■ 나의 소개를 친구에게 함으로써 친밀감을 형성할 수 있다.

　　　　　■ 자신의 이야기를 짝이 발표함으로써 학급 친구들에게는 정보전달, 짝에게는 유대감을 느낄 수 있다.

준 비 물　■ '너를 보여줘' 학습지

과　　정　■ **나를 돌아봐**

　　　　　· '너를 보여줘' 학습지에 적힌 질문에 자신의 답변을 적는다. (1, 2, 3번)

　　　　　· 4번 질문에는 자신이 짝에게 하고 싶은 질문을 한 가지 적는다.

　　　　　■ **짝꿍 인터뷰하기**

　　　　　· 공통적으로 주어진 3개의 질문(1, 2, 3번)과 자신이 만든 질문(4번)으로 짝을 인터뷰한다.

　　　　　· 인터뷰를 하며 중요한 내용이나 필요한 내용은 메모를 하여 추후에 짝꿍 인터뷰 내용을 발표할 때 활용하도록 한다.

　　　　　· 인터뷰가 다 끝났으면 역할을 바꾸어서(기자 ↔ 인터뷰 대상) 활동을 한 번 더 진행한다.

　　　　　■ **너를 보여줘**

　　　　　짝을 인터뷰 한 내용을 다른 친구들에게 발표한다.

　　　　　(다인수 학급에서는 전체 발표를 할 경우 집중도가 유지되지 않을 수 있으므로 모둠 내에서 발표를 하고 활동지를 게시하는 방법으로 서로를 소개할 수 있다.)

- **느낌 나누기**

  활동하면서 느낀 점에 대해 이야기를 나눈다.

진행
도우미

- 4번 질문을 적을 때, 친구들이 곤란해하거나 기분을 상하게 할 수 있는 질문보다는 자신이 궁금한 것을 알 수 있는 질문할 수 있도록 한다.

- 친밀감 형성이 목적이므로 대답하기 곤란하거나 넘어가고 싶은 질문에 대해서는 적지 않고 넘어갈 수 있도록 한다.

- 학급 인원수에 따라서 발표의 규모(모둠발표, 학급발표)는 변경해서 활용할 수 있다.

- '너를 보여줘' 활동의 해당 활동 이외에 친밀감 형성이나 학급세우기를 위한 다양한 활동으로 대체할 수 있다.

너를 보여줘

인터뷰 대상 : (   ) 기자 : (   )

1. 요즘 가장 관심을 가지고 있는 것은 무엇이며, 그 이유는 무엇인가요?	2. 자신에게 소중한 물건이나 자신을 닮은 물건은 무엇이며, 그 이유는 무엇인가요?
3. 습관이나 버릇 가운데 고치고 싶은 것이 있다면 무엇이며, 그 이유는 무엇인가요?	4. 내가 하고 싶은 질문 한가지

(   )의 인터뷰 내용 메모

너를 보여줘

인터뷰 대상 : (최창민) 기자 : (이나랑)

1. 요즘 가장 관심을 가지고 있는 것은 무엇이며, 그 이유는 무엇인가요?	2. 자신에게 소중한 물건이나 자신을 닮은 물건은 무엇이며, 그 이유는 무엇인가요?
축원, 공부 부모님께서 하라고 하시는데 나는 하기 싫어서 어떻게 해야 할지 요즘 가장 신경쓴다.	또개집 종이 모자 OO를 축형하려고 겨울부터 만들기 시작했는데, 정성도 많이 들어갔고 OO한테 도움이 되고 싶어 그만큼 소중하다.
3. 습관이나 버릇 가운데 고치고 싶은 것이 있다면 무엇이며, 그 이유는 무엇인가요?	4. 내가 하고 싶은 질문 한가지
엉 때리는 습관 친구들이 말하거나 수업 중 한 번씩 딴 생각을 한다. 그때마다 상대방이 기분이 안 좋을 것 같아 고치고싶다.	5학년이 되어서 제일 친하게 지내고 싶은 친구는 ?

(창민)의 인터뷰 내용 메모

LoL 게임을 좋아함. 사냥하 며 모습이 멋있는 표정이 멋있어서 닮고보통. 욱하는 모습 고치고 싶고, 김욱이랑 친하게 지내고 싶음.

〈이해를 돕기 위한 예시자료입니다.〉

2. 사랑과 상처로 다시 만나는 우리 아이들

첫 날 '너를 보여줘' 프로그램의 성공으로 인해 자신감을 얻은 열정샘은 좀 더 아이들 마음속으로 다가가고 싶었다.

'우리 반 아이들도 나처럼 새 학기가 시작되는 것이 설레고 기대가 될까?'

'새 학기를 시작하는 아이들 마음은 어떤 것일까?'

'4년 동안 학교생활을 하면서 아이들에게 학교란 어떤 곳일까? 이 작은 사회에서 아이들은 어떤 일들을 경험했고 어떤 생각들을 하고 있을까?'

어떻게 하면 아이들의 생각과 마음을 알 수 있을까 고민을 하던 열정샘은 상담연수에서 배웠던 〈사랑과 상처〉 프로그램을 해 보면 아이들이 학교생활 속에서 경험했던 좋은 기억과 나쁜 기억들, 그리고 그 안에 담긴 사랑과 슬픔을 알 수 있을 것이라 생각했다.

이튿날, 두 번째 창의적 체험활동 시간이 되었다.

아이들은 첫 날의 재미있었던 경험 때문인지 오늘은 어떤 프로그램을 할까 기대에 찬 눈으로 열정샘을 쳐다보았다. 그 에너지가 느껴진 열정샘은 더 기운이 나고 신이 났다.

"여러분, 오늘은 〈사랑과 상처〉라는 프로그램을 할 계획입니다. 이 프로그램은 내가 지금까지 생활해 오면서 있었던 사랑받고 행복했던 경험과 힘들고 상처받았던 경험을 되돌아보는 활동입니다. 선생님도 이 프로그램을 해 보니 사랑받은 추억을 떠올리며 행복해하기도 하고, 상처받았던 경험은 친구들과 나누면서 위로를 받기도 했습니다. 우리 반 친구들에게도 좋은 시간이 되리라 생각이 됩니다."

"재미있을 것 같아요."

"난 사랑받은 경험 별로 없는데요."

"그래? 나는 상처받은 순간 없는데. 난 항상 행복해. 으하하하!"

아이들의 격한 반응에 열정샘은 살짝 난감한 표정을 지었지만, 용기를 내어 프로그램을 이끌어 갔다.

"우리가 초등학교에 다니기 시작한지 얼마나 되었지요?"

"이제 4년 지나서 5년째잖아요."

"그래요. 4년 동안 서로 다른 친구들과 함께 학교생활하면서 행복하고 즐거운 순간도 많았을 것이고, 힘들고 속상하고 답답하고 억울한 순간도 많았을 겁니다. 그렇게 행복하고 좋았던 기억은 사랑으로, 속상하고 힘들고 억울했던 순간은 상처로 나타내어 보아요. 다음 종이에 항아리를 두 개 그리고 그 안에 4년 동안의 사랑과 상처를 적어봅시다. 예를 들어서 나는 1학년 때 친구들이 나를 왕따시켜서 속상했어요. 또는 3학년 때 내가 교통사고로 다리를 다쳐서 입원했을 때, 친구들이 병문안을 와 주어서 행복했어요. 이런 경험들을 써 보는 겁니다."

사랑과 상처를 적을 때 그냥 '친구들과 즐겁게 놀았던 것', '선생님께 칭찬받았을 때' 이렇게 적기보다는 어떤 장면, 어떤 일이었는지 구체적으로 적어주세요. 그러면 서로 공감하기도 쉽고, 내 추억도 좀 더 생생하게 느

얘들아, 마실 가자!

껴지기 때문이에요. 가끔 내가 받은 상처를 이야기하면 놀림거리가 되거나 나를 하찮게 볼까봐 걱정하는 친구들도 있어서, 상처를 드러내는 데는 용기가 필요하기도 하지요. 그렇지만 이야기 해 놓고 보면 생각보다 나처럼 고민하고 힘들었던 친구들이 많다는 것을 알게 되어 위로가 될 겁니다. 선생님도 예전에 시험에 실패해서 재수하면서 있었던 부끄럽고 힘든 이야기를 했었는데, 막상 이야기해 놓고 보니 별 것 아니더군요."

당당하고 솔직한 열정샘의 고백에 아이들은 놀라면서도 좀 더 진실한 마음으로 프로그램을 시작하게 되었다.

아이들은 저마다 추억을 더듬으며 사랑과 상처를 적어갔다. 그런데 유독 유한이는 어쩔 줄 몰라 하며 학습지를 만지작거리고만 있었다. 사랑의 항아리는 아주 작게 그리고 그 안에는 '1학년 때 창민이랑 같이 놀이터에서 놀았던 일'이라고 적었다. 그리고 상처의 항아리는 크게 그리고 '친구들이 쭉 나를 괴롭히고 싫어하고 나랑 놀지 않는 것'이라고 적고는 얼른 학습지를 덮고 엎드렸다. 이 모습을 본 열정샘은 유한이의 학습지 내용이 궁금해졌다.

"유한이는 벌써 다 적었어요? 선생님이 한 번 볼까요?"

궁금해서 학습지를 당기자, 유한이는 학습지 한쪽 끝을 잡고는 학습지를 주려고 하지 않았다. 유한이의 예상치 못한 행동에 열정샘은 당황스러웠다.

"왜 그래? 대충해서 그러는 거야? 선생님이 혼낼까봐 걱정되는거야?

한 번 보자."

열정샘이 억지로 학습지를 잡아당기자 종이 한쪽이 쭉 찢어졌다. 이 소리에 열정샘도, 아이들도 모두 놀랐다. 유한이는 몸을 움츠려 책상 위에 엎드렸다. 찢어진 학습지를 본 열정샘은 멍하니 유한이가 쓴 글을 살펴보고는 억지로 당긴 것이 미안하고, 학습지에 담긴 내용 때문에 더욱 마음한 구석이 아파왔다.

'내가 무슨 짓을 한 거지? 유한이를 어떻게 도와야 하는 걸까?'

열정샘에게는 큰 숙제가 하나 생긴 것 같았다.

한편 사랑과 상처라는 미션을 받은 진이는 고민이 시작되었다. 전에 있던 학교에서 왕따를 당했던 이야기를 적어야 할지 말아야 할지.

'선생님 말씀대로라면 내가 이 상처를 이야기하고 나면 시원해진다는데 정말 그렇게 될까? 아니야. 내가 왕따당한 얘기를 하면 아이들이 나를 이상한 눈으로 보고 또 왕따로 만들지도 몰라. 차라리 적지 않는 것이 낫겠어.'

결론을 내린 진이는 최근에 이빈이와 있었던 즐거웠던 추억만 사랑의 항아리에 가득 적고 상처의 항아리에는 아무것도 적지 않았다. 그리고는 이빈이와 눈을 마주치며 자신만만한 눈빛을 주고받았다.

'난 앞으로 이빈이와 함께 있으면 왕따를 당하는 일 따위 다시는 없을 거야' 하고 자신을 다독이지만, 은근히 밀려오는 불안감은 어찌할 수가 없었다.

얘들아, 마실 가자!

반 친구들은 4년간의 사랑과 상처를 모둠별로 함께 나누었다. 어떤 친구는 친구들과의 즐거운 추억이 가득한 친구도 있고, 어떤 친구는 친구들과 싸운 일, 억울하게 야단맞은 일, 선생님의 인정을 받지 못해 속상했던 일, 무서운 선생님을 만나 힘들었던 일, 숙제가 너무 많아 고생했던 일 등 서로 비슷했던 경험에는 함께 공감하고 웃고, 색다른 경험에는 놀라고 신기해하였다.

활동을 한 후의 느낌을 서로 나누는 시간.

"친구들이 나랑 비슷한 경험이 많아서 신났어요."

"억울한 일을 당한 친구 얘기를 들으니까 안타까웠어요."

"행복했던 추억을 떠올리니까 옛 친구들이 보고 싶고 기분이 좋았어요."

"작년에는 무서웠는데 올해는 재밌어요."

저마다 생각하고 느낀 것을 자유롭게 발표하는 모습에 열정샘은 아이들이 너무 사랑스러웠다. 그리고 오늘도 성공적이었다는 느낌에 뿌듯함이 가슴을 가득 채웠다.

"오늘 여러분의 사랑과 상처를 함께 나누어보니 선생님의 어린 시절 추억이 떠오르네요. 그리고 행복했던 이야기를 하는 친구들을 보면 선생님도 같이 행복해지고, 힘들었던 친구들의 이야기를 들으니 선생님도 같이 마음이 아프고 안타까운 마음이 들었어요. 앞으로 행복한 일은 함께 축하해주고, 상처받고 속상한 일들은 함께 나누고 위로해주는 따뜻한 가족이 되었으면 좋겠어요. 우리 반 모두 사랑해요"

선생님의 미끌미끌한 폭탄 발언에 아이들은 어색해하면서도 입 꼬리가 살짝 올라가며 가슴 한구석에 따뜻함을 느꼈다.

그러나 여전히 어두운 표정으로 고개를 숙이고 있는 유한이를 본 열정 샘은 미안하고 안타까운 마음이 들었다. 그리고 어떻게 유한이를 도와야 할지 막막한 마음이 더 커져만 갔다.

사랑과 상처

기대효과 ■ 학교생활에서 자신에게 좋았던 일과 힘들었던 일을 살펴보며 자신을 돌아볼 수 있다.

■ 함께 나누면서 서로를 이해하고 공감하는 활동을 할 수 있다.

준 비 물 ■ A4용지, 필기도구(색연필, 색 사인펜 등 채색도구)

과 정 ■ **학교생활에 대해 생각해보기**

· 내가 겪은 학교생활을 떠올리며 행복하고 즐거웠던 일, 슬프고 힘들었던 일 등을 생각해 보게 한다.

■ **사랑과 상처**

· 학교에서 일어났던 일 중에서 즐겁고 행복했던 일과 힘들고 어려웠던 일을 구체적인 장면을 중심으로 떠올려 본다.

· A4용지에 사랑을 담을 항아리와 상처를 담을 항아리를 자유롭게 하나씩 그려본다.

· 즐겁고 행복했던 장면은 사랑의 항아리에 힘들고 어려웠던 장면은 상처의 항아리에 구체적으로 적어본다.

· 사랑과 상처의 항아리에 어울리는 색깔과 모양으로 꾸밀 수 있다.

· 정리한 내용을 돌아가며 함께 이야기한다.

■ **느낌 나누기**

· 활동하면서 느낀 점, 알게 된 점에 대해서 이야기한다.

<table>
<tr>
<td>진 행
도 우 미</td>
<td>

■ 학교에서 받은 상처가 크고 힘든 학생이 있는 경우, 즉석에서 공감대화카드를 활용하여 바로 그 학생을 공감하는 활동을 하는 것이 좋다. 즉 " ***이가 그 친구 마음이 어땠을까? 한 번 공감해 볼까?", 예) "친구들이 아무도 안 놀아줘서 많이 외로웠을 것 같아요", "혼자여서 힘들었을 것 같아요".

■ 사랑과 상처를 교실 게시판에 함께 붙여 두고 붙임 쪽지를 활용하여 밑에 공감 댓글을 달게 하는 것도 공감 교실을 만드는데 도움이 된다.

■ 상처가 있으리라 예상되는데 상처를 하나도 적지 않은 학생의 경우는 선생님의 개인적 관심이나 상담이 필요하다.

</td>
</tr>
</table>

◆ 활동 후 아이들의 이야기

· 친구들의 사랑과 상처를 알게 되어서 그 친구를 더 잘 이해할 수 있게 되었어요.

· 나랑 비슷한 상처를 가진 친구의 이야기를 들으니 나만 그런 것이 아니라 위로가 되었어요.

· 친구들이 내 상처를 위로를 해주니까 마음이 따뜻해졌어요.

· 친구들과 함께 서로 사랑과 상처를 이야기하니 재미있고 비슷한 점이 많아서 친해지는 느낌이 들었어요.

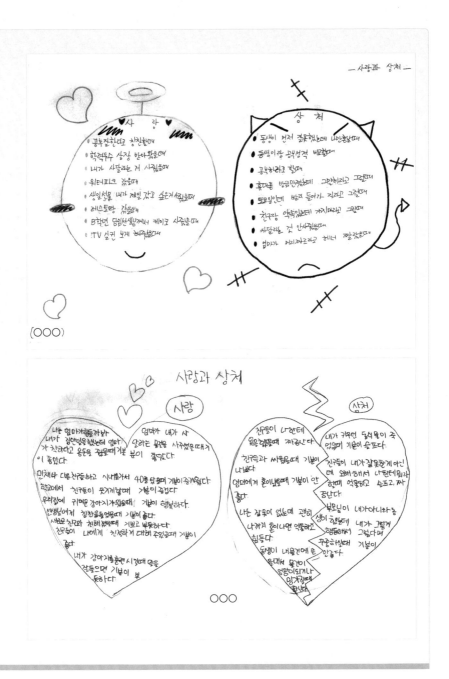

사 랑

- 공부 집중한다고 칭찬할때
- 학력우수 상장 받아 왔을때
- 내가 사달라는 거 사줬을때
- 워터파크 갔을때
- 생일선물 내가 제일 갖고 싶은거 사줬을때
- 레스토랑 갔을때
- B학년 담임선생께서 케이크 사줬을때
- TV 실컷 보게 해줬을때

상 처

- 동생이 먼저 잘못했는데 나만 혼날때
- 동생이랑 공부성적 비교할때
- 공부하라고 할때
- 휴대폰 바꿈 안했는데 그만하라고 그럴때
- 토요일인데 빨리 들어가 자라고 그럴때
- 친구랑 약속있는데 가지마라고 그럴때
- 사달라는 것 안사줬을때
- 엄마가 머리자르라고 해서 짤랐을때

(○○○)

사랑과 상처

사랑

나는 엄마가 즐겁가봐
내가 잠안밤을 했는데 엄마
가 잘한다고 응운을 줬을때기분
이 좋았다

친재4 다른친구들하고 시내를가서 40층 탔을때 기분이 즐거웠다
학교에서 친구들이 웃기게말때 기분이 즐겁다
우리집에 귀여운 강아지가 왔을때 기분이 행복하다
선생님에게 칭찬을 들었을때 기분이 좋다
새로운 친구랑 친해 졌을때 기쁘고 뿌듯하다
친구들이 나에게 친절하게 대해 줬을때 기분이
좋다
내가 강아지를 훈련시 켰을때 말을
잘들으면 기분이 뿌
듯하다

엄마가 내가 사
달라고 하는 걸 사줬을때 기
분이 좋았다

상처

친구들이 나한테
욕을 했을때 짜증난다
친구들과 싸울때 기분이
나쁘다
엄마에게 혼이날때 기분이 안
좋다
나는 잘못이 없는데 괜히
나가서 혼이나면 억울하고
힘들다
동생이 내물건을 망가트릴
때 기분이 안좋다

내가 키우던 동식물이 죽
었을때 기분이 슬프다
친구들이 내가 잘못한게 아닌
데 오해해서 나한테뭐라
할때 억울하고 슬프고, 짜
증난다
부모님이 내가아니라고
생각 하는데 내가 그렇게
행동해서 그렇다며
꾸중하실때 기분이
안좋다

○○○

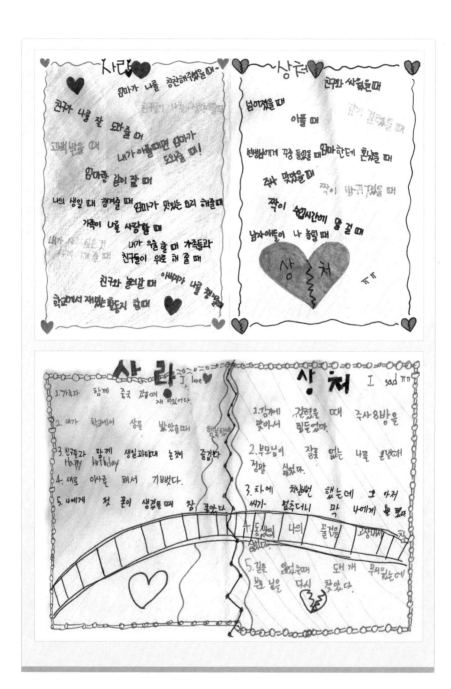

사랑
엄마가 나를 칭찬해주셨을 때~
친구가 나를 잘 도와줄 때
고백 받을 때
내가 아플 때면 엄마가 도와줄 때!
엄마랑 같이 잘 때
나의 생일 때 챙겨줄 때
엄마가 맛있는 요리 해줄 때
가족이 나를 사랑할 때
내가 우울할 때 가족들과 친구들이 위로 해 줄 때
친구와 놀러갈 때
아빠가 나를 칭찬할 때
학교에서 재밌는 활동지 할 때
상처
친구와 싸웠을 때
넘어졌을 때
아플 때
감기 걸렸을 때
선생님에게 꾸중 들었을 때
엄마한테 혼났을 때
주사 맞았을 때
짝이 바뀌었을 때
짝이 수업시간에 말 걸 때
남자애들이 나 놀릴 때
상처
ㅠㅠ

사랑
I love
1. 가족과 함께 중국 갔을 때 재미있었다.
2. 내가 학교에서 상을 받았을 때 행복했다
3. 친구들과 함께 생일파티 때 논 것이 즐겁다
Happy birthday
4. 새로 이사를 해서 기뻤다.
5. 나에게 첫 꿈이 생겼을 때 참 좋았다.
상처
I sad ㅠㅠ
1. 감기에 걸렸을 때 주사 8방을 맞아서 힘들었다.
2. 부모님이 잘못 없는 나를 혼냈을 때 정말 싫었다.
3. 차에 치일 뻔 했는데 그 아저씨가 멈추더니 막 나에게 욕을 했다.
4. 동생이 나의 물건을 고장내서 참 싫었다.
5. 길을 잃었는데 되게 무서웠는데 빨리 길을 다시 찾았다.

3. 교실을 바꾸는 열쇠 – 방관자를 방어자로

며칠 전, 열정샘은 역할극이 필요한 수업상황에서 학생들을 섭외하고 연습시키는데 시간을 너무 많이 소비해버리고 말았다. 그래서 수업을 제 시간에 마칠 수 없었다는 불만을 옆 반 선생님에게 이야기한 적이 있었다.

"연극부 한번 만들어보지 그래요?"

"연극부? 그게 뭐예요?"

"나는 평소에 역할극을 보여줄 학생들을 미리 선정해 놓고 필요할 때마다 미리 연습시켜요. 그렇게 하니 시간도 절약되고 수업 효율도 좋아지던걸요."

"그렇게 하면 연극부가 아닌 아이들에게 기회를 못 주게 되어버리진 않나요?"

"네. 그렇게 생각할 수도 있겠지요. 하지만 매번 역할극을 할 때마다 몇몇 정해진 아이들만 적극적이었어요. 그래서 하기 싫어하는 학생에게 역할을 억지로 정해주니 수업보다는 역할극에만 시간을 너무 써버리게 되더라고요."

"아, 선생님 말씀 들으니 그럴 수도 있겠네요. 저도 그렇게 해 봐야 겠어요. 제 이야기 들어주셔서 너무 감사해요."

1교시 시작하기 전 아침시간, 아이들은 여느 때와 다름없이 독서에 집중하고 있었다. 열정샘은 주의를 환기시키며 말하였다.

"우리 반에 연극부 학생이 필요한데, 혹시 관심 있는 사람 있나요?"

"그거 학예 발표회 때 연극하는 거예요?"

하나가 관심 있어하며 물었다.

"저, 그거 안 해요. 연극하기 싫어요."

"저도 하기 싫어요. 그거 왜 해요?"

안전이와 이슬이는 관심 없다는 듯이 말을 툭 내뱉었다.

안전이와 이슬이의 말에 열정샘은 조금 화가 났지만 스스로 마음을 진정시켰다.

"우리 수업시간에 역할극 가끔씩 하죠?"

"네."

"앞으로 수업시간이나 역할극이 필요할 때 미리 연습을 해서 보여줄 학생들을 우리 반 연극부로 만들려고 해요."

"선생님, 저 그거 하고 싶어요. 연극부."

하나가 열정샘의 말이 끝나기 무섭게 대답했다.

"창민아, 우리도 한 번 해 보자."

"강욱이 네가 한다면야 좋~지."

"선생님, 저도 해 보고 싶어요" 유한이는 조용히 손을 들며 이야기하였다.

단짝인 사랑이와 다정이도 같이 하고 싶다고 손을 들었다.

"그럴 줄 알았어. 쟤들은 평소에 옷도 똑같이 입으면서 연극부도 당연히 같이 하겠지."

우동이가 웃으며 이야기한다.

"자, 그럼 우리 반 연극부는 강욱이, 창민이, 유한이, 다정이, 하나, 사랑이 이렇게 6명이네요."

며칠이 지나고 학교 교육과정 설명회 날이 되었다. 열정샘은 교육과정 설명회가 끝나고 교실에 모인 어머니들과의 면담을 화기애애한 분위기로 잘 끝낸 것 같았다. 내심 걱정하고 있었는데 이야기가 잘 통한 것 같아 다행스러웠다.

열정샘은 지난 〈사랑과 상처〉 시간에 유한이가 쓴 내용이 마음에 걸렸다. 그래서 유한이 어머니와 한 번 이야기를 나눴으면 좋겠다는 생각을 하고 있었다.

"유한이 어머니, 잠깐 이야기 좀 할 수 있을까요?"

"네. 선생님. 그런데 무슨 일로 그러시는지요?"

"유한이가 집에서는 어떻게 지내는지 모르겠네요. 유한이 잘 지내고 있나요?"

"네. 잘 지내고 있어요. 그런데 선생님. 유한이가 학교생활에 문제라도 있는지요?

열정샘은 지난 시간에 유한이와 있었던 일을 빠짐없이 어머니에게 이야기하였다.

"아, 그런 일이 있었나요? 집에서는 아빠랑 장난도 치고 큰 문제없이 잘 지내고 있어요. 유한이가 소심하고 내성적이어서 평소에 친구들과도 잘 어울리지 않아요. 선생님께서 관심 가져 주시고 격려해주시면 학교생활 잘 할 거예요. 잘 부탁드리겠습니다."

"잘 지내고 있다니 다행스러운 마음이네요. 유한이 잘 지켜봐주시고, 무슨 일 있으면 저에게 꼭 연락주시면 좋겠습니다."

"네 알겠습니다. 신경 써주셔서 감사합니다."

열정샘은 좀 더 대화하고 싶었지만 유한이 어머니가 이야기를 빨리 끝내려고 하는 것 같이 느껴져, 그냥 배웅할 수밖에 없었다.

다음날 아침, 열정샘은 유한이를 관찰했지만 힘들어하는 표정은 찾을 수 없었고 평소대로 친구들과 이야기도 하며 잘 지내는 것 같아보였다.

그렇지만 2교시 체육시간이 끝나고 학생들이 교실로 올라오는데 유한이의 손에 두 개의 신발주머니가 들려져 있는 것이었다.

"유한아, 왜 신발주머니를 두 개나 들고 올라오니?"

"아, 이거요~ 가위바위보 져서 제가 강욱이 신발주머니까지 들고 왔어요."

열정샘은 아이들끼리 할 수 있는 게임이라고 여기고 대수롭지 않게 그냥 넘겼다. 하지만 방과 후 하교하는데 강욱이의 가방을 들고 내려가는 유한이를 보게 되었다.

"유한아, 선생님이랑 잠깐 이야기할 시간 있니?"

"네? 네~. 강욱이 가방 좀 전해주고 다시 교실로 올게요."

교실에 혼자 남아 청소하는 사랑이가 가방을 들고 내려가는 유한이를 보며 조금 화가 난 목소리로 이야기했다.

애들아, 마실 가자!

"선생님, 강욱이는 매일 유한이에게 심부름시켜요. 가방 들고 내려오라고 하고, 쓰레기 버리라고 하고, 그리고 유한이는 강욱이가 시키는 대로 다 해줘요."

"사랑아, 유한이가 강욱이 심부름을 억지로 하는 것 같아 많이 안쓰럽고 안타까운가 보구나."

"네, 유한이가 좀 불쌍해요. 강욱이는 유한이랑 가위바위보해서 지면 자기가 이길 때까지 다시 해서 꼭 유한이가 다 하게 해요."

"그래, 사랑이가 이렇게 말해주니 참 고맙구나."

"네. 선생님 저는 집에 갈게요. 안녕히 계세요."

사랑이가 나간 뒤 유한이가 교실로 헐레벌떡 뛰어 올라왔다.

"유한아, 요즘 학교 다니기 힘들진 않니?"

"아니요. 학교에 와서 친구들과 축구도 같이할 수 있고 놀 수 있어서 힘들지 않아요."

"선생님이 지켜보니 학교에서 강욱이가 너에게 심부름을 많이 시키는 것 같은데."

"그거 제가 좋아서 해주는 거예요. 강욱이와 친하게 지내면 축구도 같이 하고 더 많은 친구들하고 어울려 놀 수 있어서 좋아요."

"강욱이와 친하게 지내려고 심부름을 하게 되어 힘들것 같은데……"

"아니에요. 괜찮아요. 그런데……. 강욱이에게는 다른 말씀 안 하셨으면 좋겠어요. 저 강욱이랑 계속 친하게 지내고 싶거든요."

"그래 유한이의 상황을 알겠으니 선생님이 좀 더 지켜볼게. 힘들면 선생님 찾아와 말해줬으면 좋겠어."

애원하듯 말하는 유한이의 모습을 보며 열정샘은 애처로운 마음이 들었다. 그리고 지금은 그냥 돌려보낼 수밖에 없었다. 그러나 열정샘은 학급의 담임으로서 유한이를 이대로 지켜볼 수만은 없겠다는 생각이 들었다.

'선생님이 직접 나서는 것보다 유한이 주변의 친구들이 자발적으로 유한이를 도울 수 있는 방법은 없을까?'

그렇게 고민하던 중 〈교실을 바꾸는 열쇠〉라는 활동이 떠올랐다. 이 프로그램을 통해 학급 친구들이 유한이처럼 힘들어하는 친구를 도울 수도 있을 것이라고 생각했다. 더불어 학급 학생들에게 학교폭력에 대한 이해와 평화로운 교실을 만들기 위한 고민도 할 수 있을 것이란 생각에 이번 주 창의적 체험활동시간을 이용하여 〈교실을 바꾸는 열쇠〉를 실시하였다.

"여러분은 우리 학교, 아니면 우리 교실이 행복하다고 생각하나요? 아니면 그렇지 않다고 생각하나요? 만약 괴롭힘을 당하는 힘든 친구가 있다면 그 친구에겐 학교는 오기 싫고 불행한 곳이 될 거에요. 힘든 친구를 도와주고 우리 모두가 행복한 학교를 만들기 위해서 어떤 노력을 해야 할지 생각해 보는 시간을 가져 봅시다."

활동을 하기에 앞서, 전날 방과 후에 남아서 미리 연습한 학급 연극부 친구들이 교실 앞으로 나와 역할극을 하였다. 실수가 많았던 창민이 장면에서는 아이들이 웃기도 하였지만 역할극을 해나가는 연극부 친구들의 진지한 모습을 보며 장난스럽게 지켜보는 분위기는 금세 사라졌다.

"역할극 잘 보았나요?"

"네."

"그럼 이 역할극에 나온 등장인물들에 새로운 이름을 지어보려고 해요."

"이름이요? 역할극에서 이름이 다 정해져 있던데 다시 이름을 짓는 건가요?"

가은이가 의아하다는 표정으로 말하였다.

"가은이가 좋은 질문을 했어요. 여기에서 새로운 이름이란 등장인물의 특징이 드러나는 이름을 지어보라는 거예요. 예를 들면 아주 나쁜 짓을 한 사람을 '악마'라고 하듯이 지어주면 됩니다."

"아, 무슨 말인지 알겠어요. 그럼 착한 일을 많이 한 사람은 '천사'라고 지어주면 되겠네요."

대한이가 자신 있게 말하였다.

"맞아요. 그렇게 인물의 특징이 드러나게 지으면 돼요. 그럼 모둠별로 학습지를 나눠줄테니 서로 의논하여 새로운 이름을 지어 보세요."

"네."

우동이와 대한이 그리고 진이와 하나로 구성된 모둠에서는 어떤 새로운 이름을 지을 것인지 활발한 의견이 오고갔다.

"원빈이를 괴롭힌 동준이는 가해자가 좋을 것 같아. 보통 폭력이 일어날 때도 때리는 사람을 가해자라고 하잖아."

우동이가 당연하다는 표정으로 의견을 제시하였다.

"우동이 말이 맞는 것 같아. 그리고 동준이에게 당하는 원빈이는 피해자라고 하면 되겠다."

하나가 우동이의 말에 동의하며 이야기하였다.

"그럼, 동준이가 원빈이를 괴롭힐 때 즐겼던 세호는 무엇으로 하면 좋을까?"

대한이가 도저히 생각이 안 난다는 표정으로 말하였다.

"괴롭히는 모습을 보고 웃고 즐겼으니까 폭력상황을 더 부추긴 것 같아 폭력도우미가 좋을 것 같아."

하나가 의견을 제시하였다.

"그래, 그게 좋은 것 같다."

이름 짓는 것 때문에 크게 다투는 모둠도 있기도 했지만 모두 활동지에 이름을 채워 나갔다.

"활동지 아래에 빈칸 보이죠? 여러분이 정한 인물의 이름들을 보면서 이런 교실은 어떤 교실인지 이름을 정해보세요."

"그럼, 모둠별로 정리한 활동지를 칠판에 붙여 주세요. 한 모둠씩 교실의 이름과 그 이유를 발표해 봅시다."

안전이가 가장 먼저 발표하게 되었다.

"우리 모둠은 지옥교실이라고 이름 지었어요. 피해를 당한 원빈이는 학교 가는 것이 지옥에 가는 것처럼 느껴지는 것 같아 이렇게 지었어요."

"우리 모둠은 괴롭힘의 교실이라고 했어요. 학교폭력이 일어나는데도 많은 아이들이 말리지 않아서 이렇게 이름을 지었어요." 이빈이가 모둠 대표로 이야기하였다.

그런데 이감이가 교실 이름을 발표했을 때, 열정샘은 망치로 머리를 한 대 맞은 것 같은 느낌이 들었다.

"우리 교실이라고 이름을 지었습니다. 왜냐하면 우리 교실도 비슷한 것 같습니다. 괴롭히는 사람도 있고 피해보는 사람도 있고……"

이감이는 강욱이의 눈치를 보며 발표를 이어나갔다.

'내가 생각하는 우리 반은 사소한 싸움이 가끔 있어도 별 문제 없이 잘 지내는 것 같았는데……. 아이들이 생각하는 우리 교실은 나와는 생각이 전혀 다르구나. 혹시 다른 교실에서도 이렇게 교사와 아이들의 생각에 큰 차이가 있는 걸까?'

학생들의 발표가 끝나고 열정샘은 학생들에게 질문을 던졌다.

"이 교실 상황에서 피해자인 원빈이는 반 친구들이 어떻게 느껴질까요?"

"자기를 괴롭히는데도 도와주지 않고 외면하는 친구들이 미울 것 같아요."

희망이가 질문이 끝나자마자 이야기하였다.

"여러분의 교실이 방금 이름 지은 이런 교실이라면 어떨까요?"

"매일 학교 가는 것이 싫고 친구들도 밉고 많이 힘들 것 같아요."

유한이의 목소리에는 작은 떨림이 전해지고 있었다.

"여러분이 원하는 교실은 이런 교실인가요?"

"아니요."

"그럼 이렇게 힘들고 괴로운 교실을 여러분이 원하는 교실로 바꿔볼까요?"

"선생님, 어떻게요?"

"선생님이 처음 나눠 준 학습지와 똑같은 학습지를 나눠줄 거예요. 여러분이 바라는 교실은 어떤 학생들이 있어야 한다고 생각하는지 등장인물들의 새로운 이름을 다시 지어 보세요."

"하지만 괴롭히는 동준이와 괴롭힘 당하는 원빈이 이름은 바꾸지 말고 원래 지은 이름 그대로 쓰세요. 나머지 친구들의 이름만 새롭게 지어 보세요."

"우리 모둠은 동준이는 '악마', 원빈이는 '약자'라고 했는데 이것은 바꾸지 말고 다른 학생들의 이름만 바꾸라는 것이에요?"

사랑이가 질문하였다.

"네, 그렇게 하면 됩니다. 이름이 다 정해지면 그 교실의 이름도 새롭게 지어 보세요."

학생들은 처음에 받은 학습지를 채워 나갈 때와는 다르게 수월하게 이름을 정해나갔다.

"경준이를 말리는 용건이 같은 아이들이 교실에 많으면 학교폭력이 일어나지 않을 것 같아."

사랑이가 당연한 듯이 모둠원들에게 이야기하였다.

"그러면 용건이가 '천사'니까 다른 아이들도 모두 천사라고 이름 지으면 되겠네."

예리가 의견을 이야기했다.

"그래, 그렇게 하자. 그러면 교실 이름은 행복한 교실로 하면 어떨까? 학교폭력이 없는 교실은 모두 행복하게 학교 다닐 수 있을 것 같은데."

"그래, 그것이 좋겠다."

다른 모둠에서도 모두 별 다툼 없이 모두가 원하는 교실의 이름을 지을 수 있었다.

"모둠별로 활동지를 칠판에 붙여 보세요. 그리고 새롭게 지은 교실의 이름을 발표해 보겠습니다."

"우리 모둠은 보살핌의 교실이라고 이름 붙였어요. 괴롭히는 아이를 막으면서 당하는 아이를 보살펴 줄 수 있어서 이렇게 지었어요."

"우리는 행복한 교실이라고 지었어요. 이런 아이들이 있는 교실은 모두 행복할 것 같아요."

"어, 우리랑 같다. 우리도 행복 교실이라고 지었는데……"

예리가 신기한 듯이 소리 질렀다.

학생들의 발표가 모두 끝나고 열정샘은 정리하는 말을 이어 갔다.

"우리도 친구들이 괴롭히고 당하는 상황이 생길 수도 있어요. 하지만 이런 상황을 지켜본 주위의 친구들이 그냥 지켜보기만 한다면 여러분이 원하는 교실을 만들 수 없을 것 같아요. 여러분이 이번 활동을 통해 괴롭힘의 상황이 일어났을 때 주위에서 지켜보는 친구들이 어떤 역할을 해야 할지 생각해 보았으면 좋겠어요."

열정샘은 살짝 미소 짓는 사랑이의 모습을 보며 활동을 마무리하였다.

교실을 바꾸는 열쇠

기대효과
- 학교폭력이 발생되는 상황에서 그 상황을 지켜보는 주변 친구들이 방관자 역할을 하게 된다는 것을 알아차린다.
- 폭력상황에서 당하는 학생의 마음을 생각해 보고 그를 돕기 위해 어떻게 행동해야 되는지 알 수 있다.

준 비 물
- 상황 제시글(교사), 활동지2(모둠별 두 장씩), 필기도구

과　　정
- **괴롭힘이 일어나는 교실을 역할극으로 이해하기**
  - 교실에서의 괴롭힘 상황을 교사가 제시하고 학생들이 직접 역할극을 통해 상황을 보여주도록 한다. (상황제시 글 참고)
  - 역할극에 나타난 상황의 교실 이름 정하기
    - 학습지를 모둠별로 나눠주고 서로 의논하여 등장인물의 특징이 드러나는 이름을 활동지2에 정리한다.
    - 모둠원끼리 의논하여 제시된 상황의 교실의 이름을 지어보고 발표한다.
    - 제시된 상황에서 피해자의 마음을 생각해보게 하고 이런 상황의 교실에 있는 아이들의 마음이 어떨지 질문해 본다.
- **새로운 교실 만들기**
  - 학생들이 바라는 교실을 위한 새로운 이름 정하기
    - 학생들이 바라는 교실을 만들기 위해 어떤 역할을 하면 좋을지

모둠별로 의논하여 새로운 활동지2에 이름을 정하게 한다. (단, 가해자와 피해자의 역할은 고치지 않는다.)

· 우리가 바라는 교실의 이름 짓고 발표하기

■ 느낌 나누기

· 활동을 하면서 느낀 점, 알게 된 점 등에 대해서 이야기하고 서로에 대해서 피드백한다.

진 행
도 우 미

■ 제시된 상황이 부담스럽다면 2회기 〈사랑과 상처〉에서 나온 이야기로 역할놀이할 수 있다.

■ 제시된 상황을 역할놀이로 꾸밀 때 지원한 학생들이 배역을 정하여 실시할 수도 있지만 교사가 상황 제시 글을 읽으며 '선택'이라고 쓰여진 부분에서 학생들로 하여금 스스로 상황으로 끌어들이도록 하여 연극놀이 기법으로 진행해나갈 수 있다. 교사가 글을 읽으며 중간중간에 학생이 해야 할 말이나 행동을 덧붙여 나가며 역할극을 진행한다면 학생들은 역할극에 대한 부담이 줄어들 것이다.

■ 등장인물의 이름은 학생들에게 '가해자', '피해자'라는 이름을 유도하기보다는 학생들이 자유롭게 지을 수 있도록 한다.

피해자 : 한명 이상으로부터 지속적으로 괴롭힘을 받음.

가해자 : 괴롭힘을 먼저 시작하고 주도.

동조자 : 먼저 시작하지는 않지만 함께 괴롭힘.

조력자 : 직접 괴롭히지는 않지만 웃는 등 폭력상황을 즐김.

방관자 : 폭력상황에 무관심.

소극적 방어자 : 도와주어야 한다고 생각하지만 용기 없음.

방어자 : 학교폭력을 싫어하고 피해자를 도와줌.

역할극 하기

교실 이름 정하기

발표하기

쉬는 시간. 교실엔 동준이의 의자와 책상이 있습니다. 책상 위엔 물통이 놓여 있습니다. 교실문도 있습니다. 이미 교실에 들어와 있는 아이들도 있습니다.

이때 원빈이는 체육수업을 마치고 교실로 들어옵니다.(선택)

자기 자리로 가기 위해 서둘러 가다가 그만 동준이의 책상 위에 있던 물통을 넘어뜨리고 말았습니다. 물이 쏟아졌고 원빈이는 불안한 마음으로 쏟아진 물과 물통을 정리하고 자기 자리에 앉습니다. 동준이가 교실로 들어옵니다.(선택)

물통의 물이 쏟아진 것을 확인한 동준이는 몹시 화가 났습니다. 그래서 소리를 질렀습니다.

"누가 내 물 쏟았어!"

교실에 있던 모든 친구들은 동작을 멈추고 무서운 표정으로 동준이를 바라봅니다. 동준이는 학교에서 가장 힘이 세고 싸움을 잘하는 학생이었습니다. 원빈이는 동준이의 소리를 듣고 동준이 앞으로 다가갔습니다. 원빈이는 기가 죽은 목소리로 자기가 쏟았다고 얘기를 하고 사과합니다.

"미안해, 내가 모르고 엎질렀어. 치우긴 했지만……"

"미안하면 다야? 체육하고 목이 마른데 물이 없어. 어떻게 할 거야?"

동준이는 무섭게 원빈이를 밀치며 화를 냅니다. 화를 내면서 더 화가 나는지 목소리도 더 커지고 원빈이를 때리기도 하고 더 무섭게 행동합니다. 원빈이는 말 한마디 못하고 당하고만 있습니다.

이를 지켜보던 용건이가 동준이에게 그만 하라고 이야기기를 합니다.(선택)

그러나 동준이는 니가 무슨 상관이냐며 간섭하지 말라고 합니다.

세호는 상황이 재미있다며 키득키득 웃으며 즐기면서 지켜봅니다.(선택)

지원이는 친구들은 나하고 상관없는 일이라며 다음 시간 수업준비를 할 뿐입니다.(선택)

수영이는 상황을 보는 것이 힘들어서 교실 밖으로 나갑니다.(선택)

용건이는 교실로 나가는 수영이에게 선생님께 얘기해 달라고 부탁을 합니다. 그리고 용건이는 원빈이가 더 맞지 않도록 동준이를 말렸습니다.

잠시 뒤, 선생님이 교실로 들어오십니다.(선택)

선생님은 두 아이들을 보며 말합니다.

"얘들아, 무슨 일 있었니?"

아무도 진실을 말하지 않고 동준이 눈치를 보았습니다.

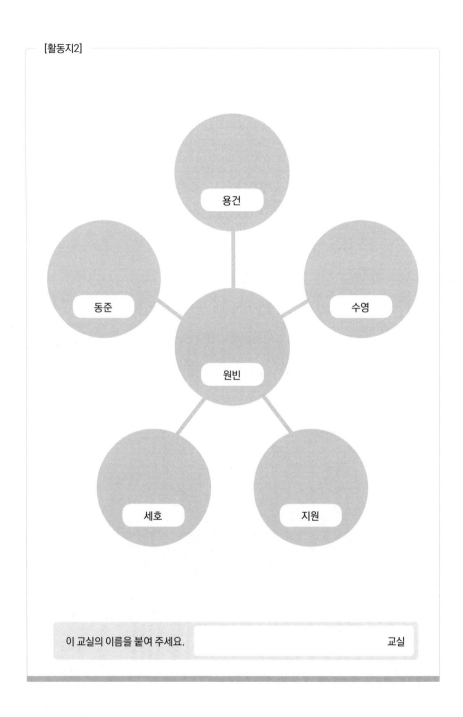

이 교실의 이름을 붙여 주세요.   교실

4. 함께 만드는 교실 – 학급규칙 세우기

열정샘은 지난번 역할극 시간을 통해서 아이들의 속사정을 조금 더 알게 되었다. 괴롭힘의 교실을 표현하라고 했을 때 '그냥 우리 교실'이라고 했던 아이들의 말들이 못내 마음에 걸리기도 했다. 그러면서 평소에는 마냥 사이좋게만 보이던 아이들 사이의 관계도 조금씩 눈에 들어오기 시작하였다. 선생님 앞에서는 늘 밝은 모범생처럼 보이지만 친구들에게는 알게 모르게 힘을 과시하는지, 주변 아이들이 조심스러워 하는 듯한 눈치가 보이는 강욱이도 그렇고, 주눅이 든 채 고민을 잘 꺼내놓지 않는 유한이도 그렇고…….

"선생님, 〈교실을 바꾸는 열쇠〉활동해 보시니 어땠나요?"

생각에 잠겨 있는 열정샘에게 옆 반 선생님이 말을 건네었다.

"아, 예, 선생님. 생각보다 아이들이 열심히 참여하던데요? 연극반 아이들이 역할을 잘해준 덕분인지……"

"그래요? 우리 반은 너무 소란스러워서 제가 중단시킬 뻔했지 뭐예요. 진지하게 생각을 하는 건지 안 하는 건지, 원. 뭘 해 보려고 해도 쉽지 않더라고요. 허허, 참."

5반 선생님은 낯선 프로그램에 대한 실패담을 장황하게 늘어놓으셨다. 경력이 많은 선배 선생님들도 학급경영과 생활지도에 어려움을 느끼는 모습을 보며 열정샘은 끊임없이 배우고 노력해야 하는 직업으로서의 교사를 실감한다.

"그런데 저는 역할극 내용이 흔치 않은 장면이라 생각했는데 막상 아이들에게는 그렇지 않은 모양이더군요. 우리 반 아이들이 대수롭지 않은 상황이라고 여기는 것 같아서 저는 좀 충격 받았어요."

"선생님, 저희 반 아이들도 '우리 교실'의 모습이라고 표현하던걸요."

"남 선생님, 교사의 눈으로 보는 교실과 아이들이 느끼는 교실은 꽤 다른 거 같지요? 어떻게 생각하면 우리 선생님들이 보고 싶은 것만 가려서 보고 있는 걸지도 모르지요. 그래서 아이들과 소통하고, 공감하는 일이 중요한 겁니다."

5학년 선생님들은 서로 사례를 나누느라 퇴근 시간이 다가오는지도 모르고 이야기꽃을 피웠다. 자신이 제대로 하고 있는지 내심 불안하기도 했던 열정샘은 동료 선생님들과의 대화를 통하여 마음이 홀가분해지고 다시 잘해 보아야겠다는 용기를 얻을 수 있었다. 그때, 이제껏 침묵으로 일관하던 6반 선생님이 자리를 뜨며 던지는 한마디.

"선생님들, 그렇게까지 아이들에게 쏟아붓지 말아요. 선생님들이 이만큼 고민하고 정성을 들여 봤자 아이들이 그걸 다 알아줄 것 같아요? 변하지 않을 겁니다. 괜히 선생님들만 상처받을 수도 있으니, 적당히 하세요. 차라리 학급 규칙 잘 지키는 훈련을 시키는 것이 서로를 위하는 길일 겁니다."

냉담한 6반 선생님의 말에 연구실의 공기도 순간 함께 얼어붙는 듯했다. 그러나 뒤이어 이 분위기를 깨고 열정샘이 질문을 던졌다.

"참, 그러고 보니 학급 규칙도 있어야겠네요. 그런데 규칙은 어떻게 정해야 할까요?"

다소 뚱딴지 같은 막내 선생님의 질문에 옆 반 선생님은 부드럽게 웃으시며 대답했다.

"같은 규칙도 누가 만드는가에 따라서 많이 다를 수가 있지요. 선생님이 일방적으로 만들어 놓은 규칙과, 아이들이 함께 만든 규칙 중에서 아이들은 무엇을 더 의미 있게 받아들일까요?"

"자, 저번에 얘기했던 대로 오늘은 우리 교실을 '보살핌 받는 교실'로 만들기 위해서 필요한 규칙을 정해보도록 합시다."

"에~ 학급 규칙이요?"

"또, 뭐 안 지키면 벌 받고 그러는 거 맞죠?"

규칙이라는 단어를 듣자마자 남학생 몇몇이 갑자기 질색을 한다.

"창민이는 규칙을 지키지 않아서 벌 받은 기억이 먼저 떠올라 부담스러운가보다. 그런데 선생님이 오늘 여러분과 만들고자 하는 규칙은 그런 거랑 좀 달라요. 오늘 우리가 만들 규칙은 누구를 벌주거나, 괴롭히기 위한 것은 아니었으면 좋겠어요. 저번에 역할극 했던 거 다들 기억이 나지요?"

"네!"

"그때 괴롭힘의 교실을 그대로 두면 모두가 힘들고 괴로워지기 때문에, 행복해질 수 있는 교실로 바꾸어보자고 했어요. 그러려면 우리가 해야 할 노력들이 있겠죠? 그래서 오늘은 우리가 어떤 노력을 해야 할지 좀 더 자세히 생각해봅시다."

열정샘이 지난 시간과 연결해서 이야기하자, 그제야 아이들은 납득한 듯 고개를 끄덕이며 사뭇 진지한 표정을 지었다. 역시 선생님을 잘 따라 주는 예쁜 아이들이다. 선생님은 한결 가벼워진 마음으로 다음 이야기를 진행해갔다.

"우리가 모두 행복할 수 있는 교실을 만드는데 없어져야 할 것들을 먼저 생각해 볼까요? 어떤 게 있을까요?"

아까의 반응과는 달리, 열정샘이 질문을 던지자마자 여기저기서 손을 번쩍번쩍 들며 발표하고 싶어서 아우성인 아이들이다.

"저요, 선생님! 저는 친구들이 놀리는 게 싫어요. 장난으로 마구 놀리는 게 없어져야 한다고 생각해요."

"저는 장난치는 것을 금지해야 한다고 생각합니다."

"질서 안 지키는 거요. 특히 체육 하러 갈 때 줄 제대로 안 서는 거 좀 고쳤으면 좋겠어요."

"체육 갈 때 줄 제대로 설 시간이 있냐? 어차피 강당에 도착하면 서게 돼 있잖아!"

"아…… 그런가? 그건 그러네. 헤헤……"

체육시간 이야기에 유독 예민하게 반응하며 찡그리는 강욱이의 표정을 보자마자 움츠러들며 조심스러워 하는 안전이의 모습이 열정샘에게는 어쩐지 불편하게 다가왔다.

아이들은 저마다 학교생활을 하면서 불만이었던 점을 적극적으로 발표하였다. 열정샘은 일단 나오는 이야기를 그대로 칠판에 늘어놓느라 분주하였다.

놀리는 것, 장난치는 것, 질서를 지키지 않는 것, 욕 쓰는 것, 싸우는 것……

주로 서운하거나 억울해했던 일들이 적혀나가자 아이들의 열기도 점점 정리가 되어가는 것 같았다.

"이야~ 이렇게 적고 보니, 교실에서 없어져야 할 것들이 꽤 있군요."

"네 맞아요. 정말 싫어요!"

"저거 안 지키면 엄청 큰 벌칙을 줘서 다시는 못 하게 해야 해요!"

"야 창민이, 너 큰일 났다?"

아이들은 저마다 신이 나서 떠들었다. 열정샘은 미소를 지으며 아이들에게 다른 질문을 했다.

"그런데 여러분, 욕을 쓰거나 놀리는 것을 안 한다면, 대신에 우리는 어떤 행동을 할 수 있을까요?"

선생님의 질문에 갑자기 아이들이 조용해졌다. 약간 의아해하는 표정을 짓는 아이들도 있고, 무엇인가 깨달은 표정의 아이들도 있다.

하나가 손을 들고 이야기하였다.

"놀리는 말 대신 친구가 들었을 때 기분이 좋아지는 말을 해줄 수가 있어요."

"하나야! 잘 말해주었어. 우리가 원하는 교실의 모습은 서로 놀리는 게 아니라, 서로에게 좋은 말을 해주는 교실이 아닐까요? 다른 친구들은 어떻게 생각하나요?"

그러자 아이들은 편안해진 얼굴로 저마다 발표를 했다. 어렵지 않은 문제였다. 문제가 되는 행동을 반대로 하기만 하면 되는 거였으니까.

평소에 아이들이 학급규칙을 벌과 연결 지으려고만 하는 걸 안타깝게 생각하던 열정샘은, 이렇게 아이들이 진심으로 바라는 교실의 모습과 연결하여 생각하는 걸 보니 감동스러웠다. 그리고 서로에게 바라는 행동을 얘기하는 아이들의 표정이 아까와는 많이 달라져 있는 걸 보니 뿌듯하였다.

"우리 3반 친구들은 서로에게 가능성을 열어두고 있군요. 선생님은 그 점이 참 감동스럽고 고맙습니다."

아이들도 선생님의 진심어린 칭찬에 자랑스러운 미소를 지으며 으쓱해하였다. 열정샘은 학급규칙 만들기 시간을 통해서 서로를 경계하고 감시하는 입장에서 벗어나, 아이들이 꿈꾸는 교실의 모습을 스스로 만들어나가는 데 함께 노력할 친구의 입장으로 서로를 바라본 것 같아 마음이 흐뭇했다. 마음속에 같은 그림을 품고 살아간다는 것. 마음이 통하는 교실의 첫걸음을 이제 막 떼었다는 생각에 열정샘 또한 기대감에 설레었다.

애들아, 마실 가자!

함께 만드는 교실

기대효과　■ 학생들이 바라는 교실의 모습을 구체적으로 떠올려보고, 보살핌 받는 교실을 만들기 위한 학급규칙을 세울 수 있다.

과　　정　■ **보살핌의 교실에 필요한 규칙 만들기**

· 보살핌 받는 교실에서 없어져야 할 것

– 보살핌 받는 교실에서 없어져야 할 것들을 생각해보고 의견을 나눈다.

– 의견들을 비슷한 종류의 내용끼리 묶어서 분류하고, 유목화한다.

· 보살핌 받는 교실에 있어야 할 것

– 없어져야 할 것들을 보면서 반대로 보살핌 받는 교실에 있어야 할 것들을 생각해보고 의견을 나눈다.

– 분류 및 유목화의 과정을 거친 후, 학급규칙에 내용이 담길 수 있도록 행동용어로 다듬어서 정리한다.

· 보살핌 받는 교실의 규칙 확인하기

■ **느낌 나누기**

· 활동을 하면서 느낀 점에 대해서 이야기하고 앞으로 규칙을 지키기 위한 다짐을 한다.

진　행
도 우 미

■ 전체 토의도 좋지만 더욱 다양한 관점을 반영하고 싶을 경우 모둠에서 '돌려가며 말하기' 구조를 활용하여도 좋다.

■ 학급규칙은 학교와 선생님이 주체가 되어 결정하고 집행하는 것이 아닌, 아이들 스스로 바람직한 학교생활을 위하여 고민하고 합의한 결과물임을 인식할 수 있도록 이끌어준다.

■ 일방적으로 통제하고 처벌하는 것이 규칙이라는 편견을 깨고, 규칙은 서로가 행복하게 생활할 수 있게 하는 약속이라는 점을 느끼고 실천하려는 의지를 내면화할 수 있도록 격려한다.

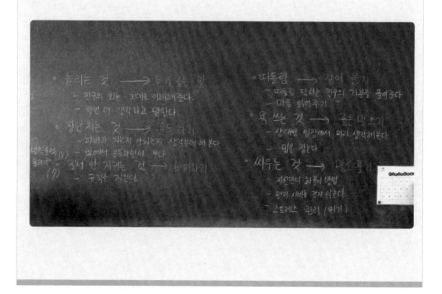

얘들아, 마실 가자!

5. 내 마음을 맞춰봐 - 카드놀이1

정신없는 3월이 지나가고 어느새 4월 첫 주가 되었다. '학교폭력에 대한 학생들의 생각' 관련 토의도 해 보았고, 학급 규칙도 정해두었다. 이제 안정적인 교실문화가 이루어질 것 같은 기대감과 뿌듯함에 열정샘의 4월은 시작부터 설렘으로 두근거렸다.

'아이들이 자기감정을 좀 더 다양하고 자유롭게 표현하도록 하는 방법은 없을까? 그럼 공감도 더 잘할 수 있을 텐데. 아이들은 놀면서 배운다니까 이왕이면 놀이로 풀어내면 좋을 것 같아……. 그런데 그냥 놀이보다는 아이들의 마음을 나눌 수 있어야 하는데 대체 어떤 놀이를 하면 좋을까?'

이런저런 고민에 빠져 있던 열정샘은 언젠가 '1박 2일'이라는 TV프로그램에서 보았던 몸으로 낱말을 전하는 놀이가 떠올랐다.

'몸으로 감정을 표현하는 놀이를 해 보면 어떨까? 신나기도 하면서 온갖 표정과 몸짓으로 감정을 표현할 수 있는 자유로운 시간이 될 것 같아. 여러 가지 감정이 있다는 것도 알 수 있고!'

무엇을 할지 결정을 내리고 난 열정샘은 아이들이 온갖 표정과 몸짓으로 놀고 있을 장면을 상상하니 피식 웃음이 났다.

목요일 창의적 체험활동 시간.

"여러분, 오늘은 선생님이 선물을 준비했어요. 마음의 선물! 하하하!"

또 무슨 활동을 하시려고 저렇게 너스레를 떠실까 하는 의아함과 아울러 선물이라는 말이 왠지 반갑던 아이들은 눈을 동그랗게 뜨고 열정샘을 쳐다보았다.

"이번 시간은 신나게 놀아요."

"와아아아아!!!!"

"무슨 놀이하실 건데요? 스피드 퀴즈?"

"기억력 게임?"

저마다 알고 있는 놀이를 들이대며 궁금증을 더욱 부풀려가는 아이들이다.

"자, 지금부터 선생님 표정과 몸짓을 잘 보세요. 지금 선생님 마음은 어떤 감정단어로 표현할 수 있을까요?"

"당황스럽다"

"놀라다"

"기가 막히다"

선생님의 우스꽝스러운 표정에 아이들은 신이 나서 감정단어를 불러대었다.

"사람들은 어떤 감정이 생기면 표정과 몸짓이 달라집니다. 그리고 사람마다 조금씩 다르기도 하고요. 이 시간에는 우리 모둠 친구들의 표정과 몸짓 속에 살아 있는 여러 가지 감정들을 찾아보는 놀이를 해 봅시다. 먼저 공감대화카드 중에 감정카드만 꺼내어주세요. 그리고 5장씩 나누어 가지고 나머지 카드는 가운데 엎어두세요."

아이들은 선생님의 말을 따라 한 단계씩 진행을 하였다.

"모둠의 1번 친구부터 100초의 시간 동안 자신이 가지고 있는 카드의 감정단어를 몸으로 표현하고 나머지 친구들이 맞추는 거예요. 그리고 그 카드는 맞춘 사람에게 주고, 놀이가 끝났을 때 자기가 맞춘 카드의 수를 세어서 비교해 보는 놀이예요."

열정샘의 설명이 끝나자마자 아이들은 카드를 들고 다양한 표정과 몸짓으로 카드의 감정들을 표현하였고, 그 재미있는 표정과 몸짓에 웃음소리가 여기저기 끊이질 않았다.

"야! 그게 아니라고, 이렇다고."

잘 맞추지 못하는 친구들이 답답한지 더 역동적인 표정과 몸짓으로 들이대는 강욱이. 이를 보던 아이들은 감정을 맞출 생각은 안하고 더 크게 웃기만 하였다.

한편 자기 마음을 드러내는 것이 낯설고 어색한 유한이는 '외롭다'라는 카드를 들고 어쩔 줄 몰라 하다가 의자를 한쪽 구석으로 끌고 가서는 혼자 고개를 푹 숙이고 어깨를 움츠리고 있었다. 이때 사랑이가

"외롭다. 맞지? 근데 너 이거는 진짜 잘 표현한다. 짱이야. 진짜 외로운 사람 같아."

라고 말하자 유한이는 칭찬을 받은 기쁨보다 왠지 자기 마음을 알아주는 것 같아 눈물이 핑 돌았다.

"자! 이제 그만."

열정샘의 마침 신호에 아이들은 아쉬운 표정을 비치며 선생님을 바라

보았다.

"친구들하고 몸으로 감정을 나누어 보니 어땠어요?"

"진짜 열심히 표현했는데 잘 못 맞추니까 답답했어요."

"이렇게 감정단어가 많은 줄 몰랐어요."

"이렇게 웃으면서 노니까요, 좀 더 친해진 것 같아요."

"강욱이가 감정 표현하는 장면이 정말 웃겼어요."

"유한이는요, 다른 감정은 잘 표현 못하는데 외롭다 감정은 정말 잘하던데요. 진짜인 것 같았어요."

사랑이의 말에 아이들은 모두 유한이를 쳐다보았고, 유한이는 당황한 눈빛으로 얼굴이 발개졌다.

"그래, 저마다 놀이를 통해서 생각하고 느낀 것이 다양하군요. 선생님은 여러분들이 놀이를 하면서 즐겁게 웃는 모습이 정말 예쁘고 사랑스러웠어요. 그리고 서로 친해졌다고 하니 반갑네요. 여러 가지 감정을 이렇게 애써서 표현해도 잘 맞추기가 어렵지요? 그럼 친구들이 어떤 마음인지 어떤 고민이 있는지 알려면 어떻게 해야 할까요?"

"관심을 가지고 더 자세히 살펴봐야 해요."

"그래요. 이제부터는 친구들의 마음속에 어떤 일들이 일어나고 있는지 관심을 가지고 살펴보고 도움을 주고받는 우리 반이 되면 좋겠어요. 선생님은 우리 반 친구들이 이렇게 서로에게 관심과 사랑으로 도움을 주고받는 따뜻한 반이 되면 행복할 것 같아요. 도와줄 수 있겠지요?"

"네!"

애들아, 마실 가자!

왠지 따뜻한 기운이 교실을 감돌고 아이들도 선생님도 행복한 마음이 들었다.

유한이는 오늘 사랑이가 자기에게 관심을 가지고 마음을 살펴봐준 것 같아 순간 행복한 마음이 들었다.

'왠지 올해는 나도 학교에서 행복하게 지낼 수 있지 않을까?'
하는 희망이 가슴 한 구석에서 샘솟았다.

내 마음을 맞춰봐

기대효과 ■ 감정을 몸으로 표현하는 놀이를 통하여 친밀감을 형성하고 다양한 감정 표현을 경험해 보게 한다.

준 비 물 ■ 감정카드(모둠별), 타이머.

과　　정 ■ **내 마음을 맞춰 봐!**

· 모둠별로 감정카드를 가운데 엎어 둔다.

· 자신만 볼 수 있게 한 사람당 5장의 카드를 가진다.

· 모둠의 첫 번째 학생부터 자기가 가진 감정카드를 몸으로 표현하고 나머지 친구들은 그 감정을 맞춘다.

· 한 사람당 100초의 시간 안에 표현을 하며, 내가 가진 카드를 다 표현하고도 시간이 남은 경우 가운데에 있는 카드를 가지고 가서 더 표현한다.

· 감정을 맞춘 사람에게 카드를 준다.

· 모둠의 모든 친구들이 다 하고 나면 자기가 가진 카드의 수를 확인한다.

■ **느낌 나누기**

· 활동하면서 느낀 점, 알게 된 점에 대해서 이야기한다.

▪ 처음 놀이를 시작할 때 표현하기가 너무 어려운 감정카드는 바꿀 기
회를 주는 것이 좋다.

▪ 표현하기 어려운 경우 통과 횟수를 정해서 놀이를 쉽게 조정할 수 있다.

▪ 소극적인 아이들의 경우는 굳이 강요하지 말고 마지막 순서로 바꾸
었다가 친구들이 하는 것을 보고 용기를 낼 수 있도록 기다려주는 것
도 좋다.

▪ 놀이를 시작하기 전에 이기기 위한 놀이가 아니라 감정 표현을 자유
롭게 하는 방법을 익히기 위한 놀이라는 설명을 통해 승부에 집착하
지 않도록 한다.

◆ **활동 후 아이들의 이야기**

· 몸으로 감정을 표현하는 것이 어렵기는 한데 재미있어요.

· 친구들과 함께 몸으로 감정을 표현하니 웃기고 좀 더 친해지는 것 같아요.

· 친구들의 표정이나 몸짓에 관심을 가져야 그 친구 마음을 알 수 있을 것 같아요.

· 감정을 몸으로 표현하는 것은 어렵지만 내가 이런 감정일 때 몸 표현이 이렇게 되는구나 하고 알게 되었어요.

얘들아, 마실 가자!

주말을 지내고 오는 월요일 아침. 아이들은 열정샘의 등교를 목이 빠지게 기다린다. 왜냐하면 주말 동안 있었던 일을 참새떼처럼 재잘대기 위해서다.

열정샘의 등장과 함께 아이들의 주말 이야기가 어김없이 시작된다. 부모님과 함께 캠핑을 했다는 이빈이, 친구들과 자전거를 타고 강변을 달렸다는 강욱이, 친구들과 영화를 보러 갔다는 사랑이와 하나 등, 주말에 있었던 일들을 열심히 설명하는 아이들이 열정샘은 귀여웠다. 하지만 사건만이 나열될 뿐 아이들의 마음이 표현되지 않는 이야기들은 소시지 없는 핫도그처럼 왠지 허전했다. 게다가 불편하고 힘든 일은 모두 '짜증나요', '싫어요'로 표현하는 아이들의 모습에 안타까운 마음이 들었다.

이 허전함과 안타까움은 일기장을 보아도 마찬가지였다. '아침에 몇 시에 일어났다'로 시작하여 하루 종일 있었던 사건들만 나열되어 있는 조사 기록문 같은 일기, 마지막은 '재미있었다', '즐거웠다' 등의 몇 마디로 그날의 마음이 천편일률적으로 똑같이 정리되는 일기, 이런 일기장을 보고 댓글을 달고 싶어도 어떻게 달아야 할지 막막한 마음이 들었다.

'이건 아닌 것 같은데……. 아이들의 마음을 좀 더 잘 느낄 수는 없을까? 서로 마음들을 나누는 교실문화를 만들 수는 없을까?'

고민하던 열정샘은 감정카드를 이용해야겠다는 생각이 들었다.

'왜 이걸 몰랐지! 이 감정카드에 있는 수많은 감정들을 아이들이 자유

롭게 표현하도록 활용해 보아야겠어.'

　월요일 아침 자습시간.

　열정샘은 모둠별로 감정카드를 한 통씩 나누어주면서 책상 위에 펼치
게 하였다. 월요일 아침부터 선생님의 예상치 못한 행동에 아이들은 당
황한 듯했다.

　"뭐하는 거지, 또 놀이하나?"

　"그건 아닌 것 같은데, 지난번에는 카드를 모두 뒤집어 놓았잖아."

　"또 뭐 새로운 것 하시려나 보다."

　아이들의 웅성거림을 뒤로하고 열정샘은 감정카드 중에서 '설레다'와
'걱정되다' 카드를 들고 이야기를 시작했다.

　"오늘 아침 선생님의 마음은 설레면서도 걱정됩니다. 왜냐하면 오늘부
터 여러분과 아침마다 감정카드를 가지고 마음 나누기할 텐데, 여러분이
어떤 마음인지 알 수 있게 되어 설레고 또 한편으로는, 이 활동을 좋아하
지 않고 잘 따라하지 않을까 봐 조금은 걱정이 되기도 합니다."

　열정샘의 고백에 아이들이 신기하면서도 어색하다는 표정을 지었다.

　"앞으로는 이렇게 아침마다 감정카드를 가지고 우리들의 아침 마음이
어떤지 함께 나눌 거예요. 방금 선생님이 한 것처럼 '지금 내 마음은 어
떠합니다. 왜냐하면 어떻기 때문입니다', 또는 '나는 오늘 아침에 어떤 일
이 있어서 마음이 어떠합니다' 라고 표현하는 거예요. 처음이라 좀 어색
하고 낯설겠지만, 도전해 보았으면 좋겠어요. 모둠에 1번 친구부터 시작

해 봅시다."

열정샘의 시작 소리와 함께 아이들은 쑥스러운 표정을 지으면서도 재미있다는 표정으로 서로의 마음을 나누기 시작했다.

"오늘 아침에 엄마랑 용돈 때문에 싸워서 속상했어" 하는 강욱이.

"어제 숙제를 못 했는데 오늘 선생님한테 야단맞을까봐 지금 조마조마해" 하는 우동이.

"수업 끝나고 이빈이랑 팬시 아트에 가기로 해서 기대돼" 하는 진이.

"나는 오늘 체육이 들어서 신나고 기뻐" 하는 하나.

자신과 비슷한 마음을 가진 친구의 이야기를 들으면

"오! 나도 그런데"

하고 동조하는 아이도 있고, 힘들고 상처받은 친구의 마음에는

"어떡해! 안 됐다. 속상하겠다."

하고 공감해주는 아이들.

나름대로 서로의 마음을 이해하고 공감하는 아이들의 모습에 열정샘은 가슴속에서 밀려오는 뿌듯함과 행복함에 입가에 웃음이 저절로 피어올랐다.

'내가 원하는 것이 바로 이거야.'

'그런데 아침마다 카드로 마음 나누기를 하려니까 시간이 좀 많이 걸리네. 어떻게 하지?'

고민하던 열정샘은 감정카드에 있는 감정단어를 모두 모아 감정목록표를 만들었다. 그리고 감정목록표를 아이들에게 나누어주고, 그것을 보

고 아침 마음을 붙임 딱지에 정리해 보게 하였다. 그런 다음 모둠끼리 마음 나누기를 한 후, 나눔 게시판에 붙여두고 친구들의 마음을 서로 공유해 보게 하였다. 처음에는 어색하고 쑥스러워하던 아이들도 시간이 갈수록 자연스럽게 자기 마음들을 다양한 감정으로 표현하기 시작했고, 심지어 다른 친구들의 마음을 알고 공감이나 위로를 하는 아이들도 하나씩 늘어갔다. 아침 마음 나누기에 힘을 얻은 열정샘은 일기장 앞에 감정카드 목록표를 붙이게 하고 일기에도 감정단어를 세 가지 이상 넣어서 쓰라는 특명을 내렸다.

"이제부터 일기를 쓸 때에도 내 마음이 잘 나타날 수 있도록 감정단어를 세 가지 이상 넣어주세요. 한 가지 사건에도 여러 가지 마음이 들 수 있으니, 자기 마음을 잘 살펴보고 어떤 감정단어를 표현할지 고민하여 써주기를 바래요. 일기로도 너희들의 마음과 소통하고 싶은 선생님의 바람을 이해해주면 좋겠어요."

6월 12일 수요일

제목: 목불

목불이라는 뜻은 목욕할 때 불만이 있다는 말인데 목욕을 하려고 물을 맞추었는데 뜨거운 쪽으로 약간만 하면 뜨거워지고, 차가운 물로 약간 돌리면 미지근한 물이 되어 버리고 너무 짜증이 났다. 그제서야 물을 제대로 맞춰 머리를 감았다. 대야에 물을 받아 놓고 물 나오는 손잡이로 대야에 물을 채우고 손잡이를 놔뒀는데 머리만 커서 물에 둥둥 뜨다가 비틀어져 휴지를 적게 만들어 버렸다. 엄마한테 혼나지 않을까 불안했고, 막막하고, 당황스러웠다. 하지만 그냥 떼어 버렸는데 그 하나의 문제가 해결되니 3년 동안 감옥에 갇혀 있다가 나온 것처럼 상쾌했다. 그리고 머리를 계속 감았는데 아빠가 다른 화장실에서 목욕을 하고 있었는데 아빠가 다 씻었는지 갑자기 물이 뜨거워져서 깜짝 놀랐고, 내 머리가 활활 타오르는 것 같았다. 오늘은 목욕하는데 불만이 많았던 것 같다. 그래서 제목이 목불이 되었다.

최**

11월 28일 금요일

오늘 5시에 재롱발표회에 갔다. 갔는데 5시 30분이 되어도 하지를 않아서 계속 기다려야 해서 심심했다. 드디어 시작했다. 그래서 기뻤다. 내 동생이 하는 모습이 어리고 작아서 귀엽고 사랑스러웠다. 그리고 사진을 찍었는데 잘 나와서 기뻤다. 그러나 사람들의 머리 때문에 안 보여서 불편하기도 했다. 공연이 끝나고 동생이 갑자기 울어서 걱정이 되었다. 그래서 끝나고 솜사탕을 받아서 동생에게 줬더니 안 울어서 다행이었다. 돌아올 때 엄마가 음료수를 사 주셔서 기뻤다.

김**

감정단어를 넣어 쓴 아이들의 일기는 달랐다. 아이들의 마음이 고스란히 드러나 열정샘은 아이들의 마음을 이해하기가 쉬웠고, 살아있는 일기를 보는 듯 했다. 처음에는 막막해 하던 아이들도 익숙해 지면서 재미를 느껴졌다.

"내 마음 속에 이렇게 많은 마음이 들어 있는 줄 몰랐어요. 신기해요."

"우리 엄마가 일기 잘 썼다고 칭찬 많이 해주셨어요."

"일기 쓰는 것이 재미있어졌어요."

일기 쓰기를 재미있어하는 아이들을 보며 뿌듯한 마음이 들었다. 그리고 열정샘은 마음이 살아 있는 아이들의 일기를 보는 것이 재미있고 즐거웠다.

'하나를 가르칠 때마다 조금씩 성장하는 아이들을 보는 감동스런 느낌이란……. 이 느낌에 교사를 하는 구나. 이렇게 한 걸음씩 아이들을 믿고 기다려주는 선생님이 되어가는 건가.'

아이들이 성장하는 것과 함께 열정샘 자신도 조금씩 성장하고 있다는 뿌듯함이 느껴졌다.

6. 서로를 바라보며 나누는 이야기 – 모둠상담

오늘도 폭풍 같은 하루였다.

수업을 마친 열정샘은 아이들과 인사를 하고 쓰러지듯이 자리에 앉았다. 혼이 빠져나간 듯한 열정샘은 이대로 쉬고 싶었지만 책상 한쪽에 아이들이 쓴 일기장이 바구니에 쌓여진 채로 선생님의 검사를 기다리고 있었다. 열정샘은 힘없는 발걸음으로 쌓여 있는 일기장을 가지고 왔다.

일기장에는 학원, 공부, 시험에 대한 이야기가 대부분이었다. 열정샘은 안쓰러운 표정으로 일기를 하나씩 읽어보았다. 3반에서 가장 긍정적인 이감이의 일기장.

6시부터 일어나서 일어나면 학교. 마치면 학원, 마치면 학습지, 학습지 끝나면 숙제. 학교에서도 학원에서도 항상 밝은 모습으로 지내고 싶은데, 공부의 늪에 빠져 있는 것 같다. (…중략…) 아무도 모른다. 그냥 더 열심히 하라고만 하니까 더 힘들다…….

이감이의 글은 일기라기보다는 한풀이에 가까웠다. 열정샘은 늘 밝은 표정이었던 이감이에게 이런 고민이 있었다는 것이 놀라웠고, 그런 마음을 선생님으로서 몰라주었다는 것이 미안했다.

'이감이를 만나서 이야기를 좀 들어보고 싶은데……'

언제가 좋을지 생각하며 달력을 펴는 열정샘. 그런데 달력엔 업무 스케줄로 가득해 빈틈이라고는 없었다.

사실, 수업을 마치고 이런저런 업무를 끝내고 나면 언제나 퇴근시간은 훌쩍 지나 있었다. 아이들과 이야기를 나눌 시간은 항상 부족했고, 그런 선생님에게 고민을 털어놓지 못하는 아이들은 친구들과의 대화로 마음의 짐을 덜어내곤 했다.

'아이들이 서로 더 잘 공감해서 서로의 이야기를 잘 들어줄 수 있으면 지금 가지고 있는 마음의 짐이 조금은 줄어들 텐데……'

열정샘이 바라는 교실의 모습도 그런 교실이었다. 서로의 마음을 언제든 나눌 수 있는 교실. 열정샘은 어떻게 하면 그런 교실을 만들 수 있을지 생각하며 일기 검사를 이어갔다.

다음날, 늘 그렇듯 아이들은 활기차게 하루를 시작했다. 겉으로 보기엔 정말 행복하고 즐거운 교실이었지만, 어제의 일기를 본 열정샘은 아이들의 웃음 속에도 고민이 있다는 생각에 마음이 편안하지 않았다. 열정샘은 이감이를 조용히 불러 이야기를 시작했다.

"이감아. 선생님이 어제 네 일기를 보고 마음이 쓰여서 잠깐 이야기하고 싶은데……"

"네. 선생님. 진짜 너무 힘들어요. 공부하는 기계에요. 완전."

이감이는 열정샘이 말을 꺼내자 무슨 말을 하려는지 안다는 듯이 대답을 했다.

"하루 종일 공부만 한다는 일기를 보니 선생님도 정말 마음이 아팠어. 그걸 몰라줘서 미안하기도 하고."

"아니에요. 그래도 선생님이랑 친구들 때문에 학교는 재미있어요. 학원이랑 집에서도 계속 하는 게 너무 힘들어서 그렇지……"

"힘든 와중에도 학교는 재미있다는 말을 해주니 고맙고 마음이 놓이네. 학원이랑 집에서 공부하는건 많이 힘들어?"

"진짜! 진짜! 진짜! 힘들어요. 너무너무. 공부하는 것도 힘든데 그 힘든 걸 아무도 몰라주니까 더 힘들어요."

애들아, 마실 가자!

"열심히 한다고 하는데 집에서는 그걸 몰라주는구나. 힘 빠지겠다 정말. 그래서 말인데 이감아. 오늘 친구들과 같이 방과 후에 활동을 하나 하려고 하는데 이감이의 이야기로 해봐도 될까?"

"무슨 활동이요?"

"친구들이 이감이의 이야기를 들어주는거야. 이감이는 답답한 마음을 이야기하는거지."

"오! 완전 좋아요. 오늘 딱 학원 안 가는 날인데."

"그래, 그럼 좀 있다 보자."

수업을 모두 마치고, 열정샘이 공감대화카드를 들고 아이들 앞에 섰다.

"오늘은 선생님이 한 가지 이야기만 더 하고 인사를 할게요. 선생님이 다음에 여러분과 할 활동을 오늘 연습해보려고 하는데, 몇 명의 친구의 도움이 필요해요. 공감대화카드로 활동을 해 볼 건데 같이 해 볼 친구 있나요? 이감이는 함께하기로 했어요."

선생님의 질문에 아이들은 주변 눈치만 볼 뿐 한명도 손을 들지 않았다. 지난 시간에 공감대화카드로 놀이를 해 봤던 적이 있었던지라, 그리고 아이들의 반응이 좋았던 터라 많은 아이들이 참여 할 거라 생각했던 열정샘은 반응이 없는 아이들을 보며 당황했다. 그때 하나가 손을 들고 말했다.

"선생님, 하고는 싶은데 마치고 나서 학원 가야해서 엄마가 허락 안 해주실 것 같아요. 다른 친구들도 거의 다 학원 다녀서……"

"맞아요. 학원 안 가면 집에 가서 반 죽어요."

"선생님이 엄마한테 말씀해주시면 남을 수 있어요."

하나의 말이 끝나자 아이들은 저마다의 이유를 쏟아냈다.

"오늘은 학원 때문에 남고 싶지만 남지 못하는 친구들이 많네요. 수업 마치고 바로 학원이라니 정말 바쁘네요. 혹시 시간을 내줄 수 있는 친구는 없나요?"

"선생님 저요. 저는 오늘 학원 안 가요."

선생님 말이 끝나자 대한이가 손을 들고 말했다. 그리고 주변의 친구들을 둘러보며

"야. 너도 학원 안 가잖아. 너도 같이 하자. 해보고 싶은데 둘이서만 하면 어색할 것 같아서."

대한이가 말하자 희망이도 함께하겠다고 이야기한다. 그리고 잠시 후에 조용히 손을 들고 유한이도 함께 활동하고 싶다고 이야기하며, 이감이, 대한이, 희망이, 유한이 이렇게 네 명이 남게 되었다.

아이들이 모두 집에 돌아가고 네 명의 친구들은 책상 두 개를 붙여놓고 둘러앉았다.

"오늘 선생님을 도와주기 위해서 이렇게 남아줘서 정말 고마워. 저번에 이 카드로 게임을 했었지? 오늘은 이 카드를 좀 다르게 써 보려고 해. 너희가 학교생활하면서, 또는 학원에서, 집에서 있었던 고민스러운 일들, 요즘 신경 쓰이는 일들을 이 카드로 한번 풀어볼 거야. 바로 카드의 마법이지."

말이 끝나고 이감이가

"오! 선생님이 카드로 마법을 보여주신다고요?"

라고 말하자 희망이가

"저 카드로 우리의 고민을 푸는 게 마법과 같다는 말씀 아니야?"

하고는 열정샘의 말을 정리했다. 아이들도 그제야 고개를 끄덕거리며 오늘 어떤 활동을 할지 이해하는 모습이었다.

"오늘 이 자리에 있었던 일들은 꼭, 모두 비밀을 지켜줘야 해. 그래야 우리 솔직한 마음을 이야기할 수 있고, 마법이 더 잘 통할 수 있거든. 약속할 수 있지?"

"네."

열정샘이 작은 목소리로 이야기하자 아이들도 작은 목소리로 대답한다.

"먼저 오늘 자기의 이야기를 꺼내놓을 친구가 한명 필요해. 요즘 고민이 있거나 힘든 일이 있으면 이 자리에서 친구에게 자기 이야기를 해주면 되는데, 오늘은 이감이가 그 역할을 해볼 거야. 오늘의 고민이!"

열정샘은 '고민이'인 이감이를 제외한 나머지 세 명에게 감정카드를 나누어주며 말을 이어갔다.

"이감이를 제외한 세 명이 고민을 들어주는 상담가가 될 거야. 이 카드를 이용해서 공감을 해야 되니까 받은 카드를 그림이 보이게 전부 펼쳐 놔."

아이들이 어느 카드를 펼쳐놓자 열정샘은 이야기를 이어갔다.

"그럼, 이감이가 요즘 가장 신경 쓰이고 힘든 일, 걱정스러운 일이 무엇인지 친구들에게 이야기해보자."

"요즘 중간고사도 다가오고, 5학년 되니까 수업도 어렵고, 공부하는 게 너무 힘든데 부모님께서 그걸 몰라주시고 다른 친구들도 다 하는데 왜 너만 못 참느냐고 하세요. 공부를 안 하겠다는 건 아닌데 너무 공부만 하라고 하시니까 더 공부하기 싫어지는 것 같아요."

이감이가 고민을 이야기하니 대한이와 희망이도 공감한다는 눈빛을 보내며 온 힘을 다해 고개를 끄덕였다.

"이감이가 요즘 고민을 친구들한테 이야기해줬는데, 고민을 이야기한 이감이를 오늘의 '고민이'라 부를게. 너희도 이감이의 고민이 이해가 되는 눈빛인데?"

"네! 완전 공감돼요. 힘들다고 말해도 '옛날에는 더 열심히 했다. 그렇게 공부해서 꿈을 못 이룬다.' 말씀만 하시지 힘든 걸 전혀 몰라주세요."

"다들 비슷한 고민이 있구나. 이야기는 안 들어주고 공부만 하라고 하니 정말 스트레스받겠다. 다음엔 너희 이야기도 한 번 나누어보자. 오늘은 이감이가 '고민이'이고 주인공이니까, 이감이가 어떤 감정일지 공감을 해주면 돼. 바로 이 감정카드로."

"앞의 감정카드를 이감이에게 전해주면서 공감해주면 돼. 공감해줄 때는 공식이 하나 있는데, 바로 사실 더하기 감정이야. 바로 이렇게."

열정샘은 '힘들다'라는 카드를 집은 후 이감이 손으로 전달해주며 설명을 이어간다.

얘들아, 마실 가자!

"부모님께서 계속 공부하라고 하셔서 힘들었겠다. 이렇게 '부모님께서 공부하라고 하셨다'는 사실에 '힘들다'라는 감정을 더해서 고민이인 이 감이 손으로 전해주면 돼. 카드는 주인이 없으니 책상 위에 있는 감정은 모두 함께 사용할 거야."

선생님이 설명이 끝나자 아이들은 카드를 한 장씩 뽑아 이감이를 공감해주기 시작했다.

"너는 학원도 다니고, 열심히 한다고 하는데 부모님께서 몰라줘서 속상하겠다."

"다른 친구들과 비교하는 말을 들으면 섭섭한 마음도 들 것 같아."

대한이와 희망이가 공감을 해주자 이감이가 카드를 받으며 고개를 크게 끄덕였다. 그리고 유한이 차례. 유한이는 한참을 고민하며 공감해줄 감정을 찾고 있었다.

"공감할 말이 생각이 나지 않으면 카드에 적힌 감정만 말해줘도 돼. 그리고 공감할 게 더 이상 없으면 통과를 해도 돼."

열정샘이 말을 꺼내자, 유한이는 카드 한 장을 집어 들고 이감이에게 전해주며 말했다.

"좀 서러울 것 같아."

"응. 맞아. 내 마음을 너무 몰라줘서."

이감이가 자신의 말에 반응을 하자 유한이는 기분 좋은 미소를 지으며 활동을 이어갔다. 어느 정도 시간이 지나 이감이 앞에 공감받은 카드가 제법 쌓였다. 통과가 반복되는 걸 보니 공감할 감정은 다 전해준 것 같았

다. 열정샘은 활동을 잠시 멈추고

"친구들이 이제 공감해줄 카드는 다 전해준 것 같은데, 혹시 남은 카드 중에 이감이의 감정이라고 생각되는 카드가 있으면 찾아봐."

"여기에 다 있어요. 남은 카드 중에는 이제 없어요."

"그럼 공감받은 감정 중에 이감이의 감정에 가장 가까운 감정 세 장만 뽑고, 왜 그 감정을 뽑았는지 친구들에게 한 번 설명해볼까?"

이감이는 친구들이 준 감정을 꼼꼼하게 살펴보고는, 세 장의 카드를 뽑았다.

"매일 학교에서 공부하고, 학원 마치고 집에 가면 또 공부를 해야 되니까 너무 힘들어. 그렇게 매일하니까 피곤하기도 해. 그리고 같은 것만 계속하니까 지겨워. 나도 놀고 싶을 때도 많은데 계속 공부만 해야 하니깐."

이감이의 말이 끝나자 유한이가 들릴 듯 말 듯한 작은 목소리로

"진짜 힘들겠다."

라고 말했다. 평소 말이 없는 유한이의 한마디에 열정샘은 놀라서 쳐다보았고, 유한이는 시선을 의식한 듯 바로 다시 고개를 숙였다.

"정말 힘들었겠다. 이감이가 항상 긍정적인 모습만 보여서 몰랐는데, 자기 시간 없이 계속 공부만 해야 해서 그동안 많이 지쳤을 것 같아."

애들아, 마실 가자!

열정샘은 감정카드를 정리하라고 말하고는 바람카드를 꺼냈다.

"감정카드를 통해서 이감이가 어떤 마음인지 알아보았어. 이감이가 이런 불편한 감정이 드는 건 이감이가 바라는 것이 있는데 그게 이뤄지지 않았기 때문일 거야. 그래서 이번엔 우리가 이감이의 진짜 바람을 함께 찾아 줄 거야. 이 바람카드로 할건데, 방법은 감정카드와 같아. 바람카드를 전해주면서 이감이가 원하는 게 무엇인지 말해주면 돼."

열정샘은 바람카드 중 '재미있기를 원하는 건가요?'를 집어서 이감이에게 주며

"수업 마치고는 친구들과 함께 놀며 재미있게 보내길 원할 것 같아. 이렇게 말하며 주면 돼. 여기 질문으로 적혀 있지만 '바랄 것 같아. 원할 것 같아'로 말하면 돼."

"지금 공부 때문에 힘든 상황이 잘 풀리기를 바랄 것 같아."

"너의 힘든 마음을 이해받고 싶을 것 같아."

친구들은 이감이의 바람을 찾아주며 활동을 이어갔다. 어느 정도 바람 찾기가 끝나고, 또 통과가 반복되자 남은 카드 중에 이감이의 바람이 있는지 찾아보라고 하였고, 이감이는 '좋은 관계를 원하나요?'라는 카드를 앞에다 가져갔다.

"선생님, 이 중에 세 장 뽑으면 되죠?"

열정샘이 고개를 가볍게 끄덕이자 이감이는 그중에서 세 장을 뽑았다.

"제가 지금 공부 때문에 힘들다는 걸 부모님께 이해받고 싶어요. 그리고 제 마음을 알아주셔서 조금만 여유롭게 지낼 수 있으면 사는 게 더 즐거울 것 같아요. 음……. 그리고 그런 스트레스를 가지고 있으니까 학교에 오면 더 짜증내는 것 같아요. 여유가 없으니 친구들과도 사이가 더 안좋아지는 것 같아요."

"그래…… 공부도 힘든데, 그걸 이해받지도 못하니 정말 답답했겠다."

"네. 다른 친구들도 학교에서 짜증 많이 내거든요. 그게 다 공부 때문이에요."

"그렇구나. 선생님도 너희가 이렇게까지 공부 때문에 힘들 거라고는 생각 못했는데, 이렇게까지 힘들어하는 이감이를 보니 미안한 마음도 드네. 지금 마음은 좀 어때?"

"음…… 이야기를 다 하고 나니까 이상하게 마음이 편안해졌어요."

"마음이 편해졌다고 하니 선생님도 기분이 좋네. 그래, 이감아 힘들었을 텐데 고민을 나누어줘서 고마워. 활동하고 나니 어떤 마음이 드는지 조금 더 자세히 이야기해줄래?"

"처음엔 '그냥 해보자'라는 생각으로 시작했는데, 친구들이 해주는 말들이 너무 고마웠어요. 평소에는 한 번도 마음을 이해받지 못했는데, 친구들이 이해해주니까 마음이 엄청 시원하고 편안해졌어요. 그리고 우리 반 친구들이 같은 고민으로 많이 힘들어하는데, 제가 좀 도움이 되었으면 좋겠어요."

"이감이도 많이 힘들었을 텐데 그런 고민을 가지고 있는 친구들에게도 도움이 되고 싶다고 하다니 감동이네. 유한이랑 희망이, 대한이는 어땠어?"

"저도 공감해주면서 계속 비슷한 경험이 떠올랐어요. 그래서 말하면서 계속 제 경험이 떠올라서 이감이의 마음이 정말 공감됐어요."

대한이가 말하자 희망이도 이어서 말했다.

"제가 주는 카드를 받아주니까 기분이 좋았어요. 친구한테 도움이 된다는 기분이 드니까 활동하는 게 재미있었어요. 이감이 표정이 시작할 때보다 많이 좋아진 것 같아서……. 저도 나중에 고민이 한 번 해보고 싶어요. 이야기하고 싶은 게 많은데."

마지막으로 모두의 시선이 유한이를 향했고, 열정샘은 유한이에게 물었다.

"유한이는 어땠어?"

"이감이가 힘들었을 것 같아요. 이감이 부모님께서 이감이의 마음을 이해해주셨으면 좋겠어요. 아무도 이해해주지 않으면 더 힘드니까……"

말끝을 흐리며 말하는 유한이의 마음 나누기를 끝으로 활동을 마쳤다.

"오늘 '고민이'였던 이감이뿐만 아니라, 공감을 해준 친구들에게도 도움이 된 것 같아 만족스럽네. 그리고 공감을 잘해준 친구들도, 마음속에 있는 이야기를 꺼내준 이감이도 정말 고마워. 오늘 활동으로 선생님도 우리 반 친구들에 대해서 더 많이 알게 된 것 같아. 오늘 함께해준다고 이야기 해줘서 고맙고, 다음에도 함께할 수 있으면 좋겠어."

아이들은 선생님과 인사를 나눈 후 집으로 돌아갔다.

열정샘은 그 후로도 며칠간 틈이 나는 대로 시간이 되는 아이들과 함께 방과 후에 모여서 활동을 했다. 아이들의 고민은 다양했다. 물론 가장 많은 고민은 '공부'였지만, 다정이는 작은 키가 고민이었고, 하나는 끊임없는 식탐이 고민이었다.

활동을 할 때 아이들은 늘 진지했고, 다른 친구의 고민을 귀담아들었다. 그리고 친구의 마음을 공감하고, 친구가 힘든 이야기를 할 때는 함께 힘들어했다. 이제는 열정샘이 말하기도 전에, 먼저 남아서 고민을 나누고 싶다는 친구들도 생겨나기 시작했다. 그렇게 창민이, 강욱이, 우동이 등 몇 명을 제외한 대부분의 학생이 방과 후 모둠 상담활동을 했다.

며칠 후 교실.

"유다정 어디 있어? 유다정? 작아서 보이지가 않네."

다정이를 놀리려고, 키가 큰 우동이가 다정이를 바로 앞에 두고 일부러 두리번거리며 큰 목소리로 말했다. 우동이의 말에 창민이와 강욱이는 박장대소하고 있었다. 다정이는 덩치 큰 우동이에게 대꾸도 못하고 울먹이는 표정으로 자리로 돌아왔다. 사랑이와 하나는 다정이를 위로해주기 위해 다정이에게 다가갔다. 평소 교실에서 가장 힘이 세고 영향력 있는 강욱이 패거리의 장난이었기에, 누구 하나 직접 나서지 못하였다. 그때였다.

"야, 강우동! 다정이가 그런 말 들으며 얼마나 속상해하는데. 왜 그런 장난을 쳐!"

며칠 전 다정이와 함께 〈모둠상담〉을 하며 다정이의 고민을 들었던 이감이가 소리를 질렀다. 동시에 다정이를 위로해주던 하나, 그리고 대한이도 이감이 옆에 서서 이감이에게 힘을 실어주었다.

"아니……. 난 그냥 장난으로, 애들도 웃고 하니까, 그냥 장난으로 그런 거지."

평소라면 무슨 상관이냐며 다시 소리를 질렀을 우동이었지만, 그날은 교실의 분위기가 평소와는 다르다고 느꼈는지 우동이는 기어들어가는 목소리로 대답했다.

"미안."

작은 소리였지만, 우동이는 다정이에게 사과를 했고, 함께 웃던 창민이와 강욱이도 머쓱한 표정으로 자리로 돌아갔다.

그날 오후, 창의적 체험활동시간,

'내가 모둠 안에서 진행하지 않아도 아이들끼리 공감하는 모습을 보여줄까?'

열정샘은 사뭇 궁금해 하며 공감대화카드를 모둠별로 나누어주었다.

열정샘은 활동 순서에 대해서 한 번 간단히 안내하고, 아이들끼리 활동할 수 있도록 시간을 주었다. 방과 후에 활동을 해 보았던 아이들은 공감하는 말이 주는 힘을 경험했던 터라 자신의 이야기, 현재의 고민을 더 쉽게 털어 놓는 듯했다. '동생과의 다툼, 전담 선생님과의 문제' 등 열정샘과 함께 있을 땐 말하지 않았던, 오히려 친구에게 더 잘 이해받을 수 있을 것 같은 고민이 많이 나왔다.

열정샘은 아이들에게 지켜야 할 규칙과 시간만 안내해줄 뿐, 다른 이야기는 꺼내지 않았다. 그럼에도 아이들은 어느 때보다 진지했다. 아이들의 목소리에는 고민을 가진 친구를 이해하는 진심이 담겨 있었고, 전해주는 카드에는 친구를 향한 자신의 마음이 담겨 있었다.

하지만 한 모둠은 활동이 제대로 진행되지 않는 듯 보였다. 카드를 던져서 주거나 웃고 농담하면서 고민이에게 전해주었다. 그 모둠의 고민이는 활동 내내 시무룩한 표정이었다. 열정샘은 그제야 그 모둠이 방과후에 〈모둠상담〉활동을 한 번도 하지 않은 모둠이라는 것을 알게 되었다. 공감의 힘을 경험해본 아이들과 그렇지 않은 아이들의 차이를 느꼈다. 열정샘은 전체 활동을 하기 전에 꼭 모둠별로 〈모둠상담〉하는 시간을 가져봄으로써 공감의 힘을 느껴볼 수 있는 기회를 가져야겠다고 생각했다.

활동이 끝나고 느낌 나누기를 했다. 아이들이 나누는 느낌은 살아 있고, 진지했으며 마음속에 있는 감정을 꺼내 말했다. 12살 인생에서 처음으로 시원함을 느꼈다는 감정부터, 어떻게 하면 지금의 고민을 해결해나갈 수 있을지 찾아 냈다는 대답까지. 열정샘은 아이들이 스스로의 공감 능력을 가지고 서로를 공감해줄 수만 있다면, 꼭 선생님이 없더라도 문제를 해결해나갈 수 있는 교실이 만들어질 것이라는 확신이 들었다. 성공적으로 활동을 진행되었다고 생각한 열정샘은 머릿속에 스쳐가는 한 문장을 수첩에 적어 놓고 수업을 마쳤다.

'스스로 문제를 해결하고, 서로를 성장시키는 교실'

서로를 바라보며 나누는 이야기

기대효과
- 공감하는 말을 익히고, 친구의 고민을 이해하고 공감하는 마음을 가질 수 있다.
- 자신의 감정의 걸림돌을 제거하고 자신의 바람을 생각해 본 후 성장 계획을 세울 수 있다

준 비 물
- 공감대화카드, 붙임쪽지, 필기구

과 정
- **[고민이] 정하기**
  - 최근 있었던 걱정거리나 속상했던 일, 힘들었던 일을 한 가지 붙임쪽지에 적는다.
  - 그중 한 장을 뽑아 [고민이]를 정한다.
- **마음 바라보기**
  - [고민이]는 속상했던 문제 상황에 대해서 간단히 설명을 한다.
  - [고민이]를 제외한 나머지 친구들에게 감정카드를 나누어주고 책상 위에 펼친다.
  - 한 사람씩 돌아가면서 [고민이]의 마음을 공감해준다.
  - 공감하는 방법은 '사실 + 감정'으로 한다.
    예) 내가 바보라고 놀려서(사실) 속상했겠다(감정).
  - [고민이]는 받은 카드를 한 눈에 볼 수 있게 앞에 펼쳐 놓는다.
  - 공감 해줄 카드가 떠오르지 않을 경우 "통과"라고 말한다.
  - 공감할 감정이 없어 "통과"가 반복되면 [고민이]는 남은 카드 중에

자신의 마음을 표현한 카드를 찾아 공감받은 카드들과 함께 둔다.

· [고민이]는 자신의 앞에 있는 카드 중 세 장을 골라 그 감정을 고른 이유에 대해 설명한다.

■ 바람 알아차리기

· 감정카드 놀이에서 [고민이]가 찾았던 감정카드 세 가지를 [고민이] 앞에 정리해둔다.

· [고민이]를 제외한 나머지 친구들에게 바람카드를 나누어주고 책상 위에 펼친다.

· 한 사람씩 돌아가면서 [고민이]의 바람이 무엇인지 생각하여 고민이에게 카드를 준다.

· 카드를 줄 때는 자신의 바람을 말하지 않고, 고민이의 바람이 무엇일지 생각해서 말하도록 한다.

예) (X) 사이가 좋아져서 너의 마음이 편해졌으면 좋겠어.

　　　〈나의 바람〉

　　(O) 사이가 좋아져서 마음이 편해지길 바랄 것 같아.

　　　〈고민이의 바람〉

· 공감해줄 카드가 떠오르지 않을 경우 "통과"라고 말한다.

· 공감할 감정이 없어 "통과"가 반복되면 [고민이]는 남은 카드 중에 자신의 바람을 표현한 카드를 찾아 공감받은 카드들과 함께 둔다.

· [고민이]는 자신의 앞에 있는 카드 중 세 장을 골라 자신의 바람에 대해 구체적으로 친구들에게 이야기한다.

■ 느낌 나누기
· [고민이]를 시작으로 활동 중 느낌이나, 활동을 끝내고 나서의 느낌을 나눈다.
· 모둠상담활동에서는 느낌 나누기가 매우 중요하다. 느낌 나누기를 통하여 [고민이]는 자신의 감정을 정리해 보게 되고 다른 모둠원들에게는 함께 나누는 의미의 중요성을 깨닫는 계기가 되기도 하기 때문이다.

진행 도우미

■ 활동을 시작할 때 [고민이]에게 마음을 나눌 준비가 되어 있는지 확인하고 진행한다.
■ 스스로 [고민이]를 하고 싶어하는 학생이 있다면, 희망하는 학생을 [고민이]로 한다.
■ 카드를 줄 때에는 가능하면 손에 쥐여주도록 하여 서로 존중하는 마음의 자세를 갖추게 할 수 있고, 카드를 던지는 행위를 막을 수 있다.
■ 자기가 공감하고 싶은 카드를 미리 챙겨서 들고 있지 않도록 한다.
■ 공감대화카드 중 백지카드는 주어진 카드에 없는 다른 감정이나 바람이 있을 때 사용하는 카드이다.
■ 보통 4~5명의 모둠원으로 구성하고 가능하면 혼성 그룹으로 구성하는 것이 좋다.
■ 학생들이 모둠상담활동을 처음 접할 때, 활동의 분위기와 방법을 익

힐 수 있도록 교사가 모둠에 들어가서 함께할 수도 있다. (방과 후, 또는 아침자습시간 모둠별)

7. 같은 마음, 다른 상황 - 카드놀이2

〈모둠상담〉 활동으로 아이들의 마음을 더 잘 알게 되었다고 생각한 열정샘은, 이 카드를 이용해서 아이들과 더 많은 대화를 나누고 싶었다. 하지만 고민이 있었다.

'평소에 꺼내기 힘든 이야기들도 이것만 있으면 좀 더 편하게 꺼내는데, 공감과 상담으로 카드를 활용하니 부담스러워 하는 것 같아. 이 카드가 아이들에게 좀 더 편하게 다가갈 수 있는 방법이 없을까?'

이리저리 고민해 봐도 답이 나오지 않았다. 아무래도 요즘 머리를 너무 많이 쓴 탓인가 보다. 열정샘은 잠시 머리도 식힐 겸 간식거리를 챙겨 들고 옆 반으로 갔다.

"선생님, 시간 괜찮으세요?"

"어쩐 일이에요? 이렇게 찾아오니 정말 반갑네요."

"별일은 아니고, 그냥 이야기하러 왔어요."

"그래요? 그냥 왔다니 더 반갑네요. 자리에 앉아서 차 한잔해요."

열정샘은 가져온 간식을 내려놓으며 이야기를 시작했다.

"선생님의 조언 덕분에 애들 이야기를 많이 들었어요. 마음속에 있는 이야기도 들은 것 같고요."

"그렇지 않아도 어떻게 돼가고 있는지 궁금했는데, 아이들의 이야기를 많이 들었다니 기분이 좋네요. 아이들이 열정샘한테 속마음을 잘 털어놓나 봐요?"

"음⋯⋯. 마음을 털어놓긴 했는데, 아직은 뭔가 부담스러운 느낌이 있나 봐요. 상담이라고 하니 혼난다고 생각하는 아이들도 있고."

"아무래도 그렇죠? 아이들은 상담이라고 하면 자신에게 도움이 된다는 생각보다는 혼난다는 느낌을 더 강하게 받나 봐요. 학교에서의 상담은 아이들 잘못으로 인해서 문제가 생겼을 때 주로 시작되다보니 말이죠."

분명 머리를 식힐 겸 옆 반에 갔는데, 어느새 대화는 다시 아이들에 대한 이야기로 돌아와 있었다. 열정샘은 어떻게 하면 아이들에게 공감대화카드를 부담스럽지 않게 시작할 수 있을지에 대한 고민을 털어놓았다.

"열정샘은 아이들 생각을 정말 많이 하는 것 같아요. 어떤 방법이 있을지 저도 한 번 생각해 봐야겠어요. 놀이나 게임으로 시작하면 부담스럽진 않을 텐데⋯⋯"

"정말 어렵네요. 놀이와 게임을 상담이랑 연결하는 건. 그래도 선생님 덕분에 복잡한 머리가 좀 정리가 된 것 같아요."

"별 도움 될 말도 하지 않았는데 제 덕분이라니 부끄럽네요. 혹시 답을 찾으시면 저한테도 꼭 알려주세요."

열정샘은 감사하다는 인사를 하고 다시 교실로 돌아갔다.

'놀이와 상담', 어떻게 하면 놀이와 상담을 연결할 수 있을지 고민을 하며 열정샘은 학교 문을 나섰다. 저녁 식사를 끝내고 집으로 돌아온 열정샘은 편안한 마음으로 침대에 누워서 TV를 켰다. TV를 켜니 '지니어스 게임'이라는 프로그램을 하고 있었다. 이날의 게임은 '인디언 카드'였다. 자신의 숫자를 이마에 붙여서 상대방이 볼 수 있도록 하고, 그 숫자를 볼 수 없는 상태에서 자신의 숫자를 추측하는 게임이었다. 평소 그런 게임을 좋아하던 열정샘은 시간이 가는지 모르고 푹 빠져서 TV를 봤다. 프로그램이 끝날 때쯤 열정샘의 머릿속에는 몇 가지 단어가 지나갔다.

'카드, 추측, 놀이…… 그래! 저걸 공감대화카드로 하는 거야!'

열정샘은 벌떡 일어나서 스쳐지나가는 생각을 붙잡아 정리하기 시작했다.

다음날 아침 자습시간. 열정샘은 아이들이 모두 도착한 걸 확인한 후, 느닷없이 모둠별로 감정카드를 한 통씩 나눠줬다.

"감정카드! 선생님 오늘도 〈모둠상담〉활동하는 거예요?"

카드를 보자 며칠전 활동이 떠오르는 듯 대한이가 눈을 크게 뜨며 소리쳤다.

"대한이가 그렇게 말하는 걸 보니, 〈모둠상담〉 활동을 하고 싶은가 보구나. 아쉽지만 그 활동은 오늘 못할 것 같아."

열정샘은 말을 이어갔다.

"지금은 이 카드로 다른 활동을 해 볼 거예요. 바로 〈같은 마음 다른 상황〉놀이예요. 친구들이 어떤 상황에서 어떤 감정을 느끼는지 알아보고 찾아보는 활동이예요. 술래가 카드의 그림이 보이지 않게 이마에 붙이면 한명씩 돌아가며 그 카드를 설명하는 거예요. 설명할 때는 언제 그런 감정이 들었는지 자신의 경험을 이야기하면 됩니다. 한 명씩 모두 경험을 이야기하면, 술래는 그 감정이 무엇인지 답을 말하면 됩니다."

설명을 끝내고 열정샘은 연습을 위해서 감정카드 한 장을 꺼내서 아이들이 볼 수 있도록 이마에 붙였다. 그 우스꽝스러운 모습을 본 아이들은 웃음을 터뜨리며 즐거워하였다.

"자~, 선생님이 먼저 술래가 되어볼게요. 선생님 이마에 붙어 있는 이 감정이 들었던 자신의 경험을 이야기 해 볼까요?"

"산지 일주일 밖에 안 된 휴대폰 잃어버렸을 때 이런 기분이었어요."

"방학숙제 하나도 안 했는데 개학날이 코앞으로 다가왔을 때요!"

아이들이 하나둘씩 손을 들고 발표하자, 열정샘은 곰곰이 생각한 후 대답했다.

"걱정된다?"

"아니에요. 아니에요!"

열정샘의 답이 틀리자 온 교실이 떠나갈 듯이 소리쳤다. 그리고는 아이들은 자신의 경험을 이야기하려고 사방에서 번쩍번쩍 손을 들었다.

"저는 시험지 앞에 있으면 이런 기분이 들어요. 정말 엄~청나게."

"저는 선생님께서 알림장 쓰실 때. 한 줄 한 줄 늘어날 때마다 이런 기분이 들어요. 오늘 이 많은 숙제를 어떻게 하나……"

이감이의 말에 아이들은 공감하듯이

"맞아, 맞아."

를 연발했다. 열정샘은 아이들의 반응에 조금 당황했지만 이내 답을 말했다.

"음……. 막막하다?"

열정샘이 정답을 말하자 교실이 시끌벅적해졌다. 그러던 중 마지막으로 말했던 이감이가 어깨를 으쓱하며 큰 소리로 말했다.

"오! 맞아요. 선생님, 역시 제가 설명을 잘했나 봐요."

"맞아요 이감의 설명도 그리고 다른 친구들의 경험도 마찬가지로 도움이 되었어요. 여러분들도 이제 활동을 시작할 건데 모둠별로 활동할 거예요. 술래는 한 명씩 돌아가면서 하고, 경험도 한 사람씩 돌아가며 이야기하면 됩니다. 떠오르지 않으면 통과를 해도 좋아요. 술래가 정답을 말하지 못하면 한 번씩 더 설명을 해도 됩니다."

놀이가 시작되자 시끌벅적해진 교실. 열정샘은 돌아보며 아이들의 이야기를 듣는다. 처음에는 학교에서 있었던 경험, 친구들과 있었던 경험을 나누던 아이들이 술래가 정답을 말하지 못하자 더 많은 자신의 경험을 꺼내기 시작했다. 열정샘은 진지하게 활동하고 있는 한 모둠 곁에서 발을 멈췄다. 술래인 희망이가 이마에 붙이고 있는 카드는 '외롭다.'

한참을 생각하던 진이가 먼저 말을 꺼냈다.

"나 3학년 때 친구들이 안 놀아줬을 때 이런 기분이 들었어."

모둠 친구들은 놀란 눈으로 진이를 봤다. 전학을 와서 진이에 대해서 모르긴 했지만, 친구들을 주도해나가는 진이가 그런 일이 있을 거라고는 상상도 못했기 때문이었다. 열정샘 또한 놀라긴 마찬가지였다. 진이가 그런 경험이 있었다는 것도 놀라웠지만 친구들 앞에서 그 이야기를 꺼냈다는 것이 열정샘에겐 놀라운 일이었다. 말을 한 진이도 말을 한 후 흠칫 놀라는 표정이었다.

"너한테 그런 일이…… 정말 외로웠겠다."

술래인 희망이는 답을 말하는 대신에 진이를 보며 나지막히 말했다.

관심이 생긴 열정샘도 진이에게 이야기를 좀 더 듣고 싶었다.

"무슨 일이 있었는지 친구들에게 좀 더 이야기해 볼 수 있겠어?"

"다음에요."

모든 시선이 진이에게 향하자 진이는 무언가를 들킨 듯한 표정으로 말했다.

열정샘은 불안한 표정의 진이를 보고, 더 이상 말을 이어가지 않고, 다른 자리로 갔다.

"이제 활동 끝! 아쉽지만 시간이 다 되었어요. 오늘 활동을 하며 어떤 느낌이 들었는지 이야기해 볼까요?"

열정샘의 말이 끝나자 강욱이가 말했다.

"선생님 너무 짧아요. 더해요."

그러자 다른 아이들도 큰소리로

"선생님 조금만 더 했으면 좋겠어요. 5분만 더해요."

라고 말하며 아쉬워했다.

"정말 조금 더 하고 싶은 마음이 간절히 느껴지는데…… 아쉽지만, 오늘은 여기까지 해야 할 것 같아요. 다음에 꼭 한 번 더 하기로 약속할게요. 그럼 활동을 하는 중에 느낀 느낌을 한번 이야기해 볼 사람 있나요?"

열정샘의 질문에 아이들은 자신이 느낀 감정을 이야기했다.

"감정은 하난데, 경험이 다 달라서 이야기하는 것도 재밌고, 듣는 것도 재밌었어요."

"정답을 말하는 게 너무 어려웠어요. 같은 상황인데 내가 느낀 감정이랑 친구가 느낀 감정이 전혀 달라서 힘들었어요."

아이들이 하나둘씩 발표를 하고, 곧 희망이가 조용히 손을 들었다.

"그래. 마지막으로 희망이가 느낌을 이야기해 볼까요?"

"네. 선생님 저희 모둠에는 왕따당한 경험을 이야기한 친구가 있었거든요. 그 이야기를 하는데 마음이 아프고 미안한 마음이 들었어요. 내가 하는 행동이 친구에게 어떤 마음을 들게 하는지 더 생각해보고 행동해야겠다고 생각했어요."

희망이는 활동 중에 진이가 했던 말을 친구에게 이야기했다. 진이는 부끄러운 듯 고개를 숙였지만, 아이들의 눈은 진이 쪽을 향하지 않았다. 어쩐지 숙연해진 교실 속 아이들의 시선은 유한이 쪽에 가 있었다.

"여러분이 한 이야기를 들으니 이 활동을 통해서 재미뿐 아니라 더 깊이 생각하는 마음을 가진 것 같아서 선생님도 뿌듯해요. 선생님이 하고 싶은 말을 여러분들이 다 해줬어요. 선생님은 이 활동을 통해서 같은 상황이지만 서로 다른 마음이 들 수 있다는 걸 느꼈으면 했어요. 그렇게 다른 사람의 마음도 생각해서 나 혼자의 교실이 아닌 서로 마음을 나누는 교실이 만들어지길 바라고, 오늘 여러분들이 나눈 느낌을 꼭 기억했으면 좋겠어요."

열정샘의 마무리 말이 끝나자, 아이들의 눈은 다시 한 번 더 유한이를 향했다.

같은 마음, 다른 상황

기대효과 ■ 친구의 다양한 경험을 함께 나누며 친구를 이해하는 마음을 가질
수 있다.

■ 놀이형식의 진행으로 공감대화카드를 가벼운 마음으로 접할 수 있다.

■ 같은 상황에서도 서로의 감정이 다름을 알고 친구를 공감하는 마음
을 가질 수 있다.

준 비 물 ■ 공감대화카드(감정카드)

과　　정 ■ **같은 마음, 다른 상황**

· 모둠에서 술래를 한 명 정한다.

· 술래는 뒤집혀져 있는 카드 중 한 장을 다른 친구들이 볼 수 있게
이마에 붙인다.

· 술래의 오른쪽부터 한 명씩 돌아가며 술래가 가지고 있는 카드와
같은 감정이 들었던 경험을 이야기한다.

· 한 번씩 모두 자신의 경험을 이야기하면, 술래는 자신의 이마에 붙
은 감정을 추측해 대답한다. (3회)

· 술래가 답을 말하지 못했을 경우 다른 친구들은 자신의 경험을 더
이야기한다.

· 여러 번의 설명에도 정답을 말하지 못하였을 경우에는 술래는 카드
를 보고, 자신의 그런 감정이 들었던 경험을 이야기 해주도록 한다.

· 술래가 정답을 말했을 경우 카드는 술래가 가져간다.

진 행
도 우 미

■ 놀이를 할 때 정답의 유무보다는 자신의 경험을 이야기하는 과정을 중요시하도록 한다.

■ 술래가 뽑은 감정을 느낀 경험이 없다면, 그런 감정을 느꼈을 법한 상황을 이야기할 수 있도록 한다.

■ 술래가 감정을 맞추기 힘들어하거나, 학생들의 감정카드의 감정에 대해 익숙하지 않을 때는 감정목록표를 활용하도록 한다.

8. 얘들아, 마실 가자! - 힘의 불균형

쉬는 시간이라 아이들은 분주하다. 열정샘은 다음 시간 수업을 준비하며 아이들을 휘익 둘러본다. 교실 곳곳에서 저마다 다른 행동을 하고 갖가지 표정을 지으며 같은 시간을 보내고 있는 학생들의 모습이 새삼 눈에 들어온다.

'전체적으로는 떠드는 것처럼 보이지만 저 아이들 세계에서는 나름대로의 의미 있는 시간들이겠지. 친구들과 마주보며 웃고 이야기하고 장난도 치고……'

지금 이 순간만큼은 교실의 모습이 큰 문제없이 평화로워 보였다. 그동안 학급규칙도 세우고 공감대화카드 놀이도 몇 번 진행하면서 아이들이 서로 행복할 수 있는 방법을 찾아간다는 생각이 들면서 마음이 조금은 편안해지는 것 같았다.

그러나 3교시가 이미 시작되었는데도 아직 비어 있는 자리가 열정샘의 편안했던 마음을 불편하게 만들기 시작했다. 10분이나 지난 후 뒷문이 열리고 유한이가 들어왔다. 그 뒤로 강욱이와 창민이도 뒤따르며 각자 자리로 들어가려 했다. 열정샘은 평소 수업시간을 지킬 것을 아이들과 약속한 터라 수업시간을 지키지 않은 세 아이들이 언짢아졌다.

"수업시간에 늦었구나."

"화장실 갔다 왔는데요."

'저 녀석, 늦은 것에 대한 사실을 물었을 뿐인데 말투가 꼭 방어하는 것

같아.'

"유한이도 늦었구나? 무슨 일 있었어?"

"화장실에 갔다가 나오려는데…… 얘네들이…… 못나가게 했어요."

속상했던지 유한이가 조심스레 말을 꺼냈다. 하지만 강욱이와 창민이의 날카로운 눈빛을 의식했는지 목소리가 잘 들리지 않을 만큼 작았다. 사실 유한이는 화장실에서 수업 종소리를 들었지만 놀다 가라며 막아서는 강욱이와 창민이를 대항할 자신이 없었던 것이다. 이 아이들에게 찍히면 힘들어진다는 두려움이 앞섰을 것이다.

"우린 그냥 잠깐만 놀다 가자는 말만 했어요."

강욱이가 별일 아니라는 듯 대답을 툭 던진다.

"자기도 놀고 싶었으니까 안 간 거겠죠. 우리도 조금만 놀다가 오려고 했어요."

"……"

유한이는 더 이상 아무런 대꾸도 하지 못하고 그저 쭈뼛쭈뼛 두 아이의 눈치만 살피며 안절부절 못했다.

유한이가 있었던 일을 말해 보지만 강욱이는 오히려 태연한 표정으로 아무렇지 않은 얼굴이니 이를 지켜보는 열정샘은 걱정이 되었다.

"강욱이랑 창민이가 화장실에서 나가려는 유한이를 막아선 거니?"

"아뇨, 안 막았어요."

눈치를 보는 유한이 옆에서 답답하다는 듯이 얼굴을 찡그리며 큰 목소리로 대꾸한다.

"가위바위보 해서 이기면 보내준다고 하면서 자기들이 지면 이길 때까지 계속 가위바위보 하라면서 막았어요."

"그러면 네가 '싫다'라고 말을 했어야지. 우리하고 가위바위보 게임하니까 난 너도 우리와 놀고 싶은 줄 알았지."

유한이는 강욱이의 말에 더 이상 아무 말도 하지 못하고 가만히 서 있기만 했다.

사실 강욱이는 이번 유한이 일뿐만 아니라 반에서 여러 친구들을 불편하게 하는 일들이 자주 있었다. 선생님이 교실에 없을 때는 창민이를 비롯해 친한 아이들과 책상 위를 밟고 뛰어 다닌 적도 있었고 아침 자습시간에 큰 소리로 떠들며 다른 아이들을 방해할 때도 있었다. 그럴 때마다 조금이라도 이 아이들에게 시선을 두는 아이가 있으면 강욱이의 눈에는 힘이 들어가고 입에서는 욕이나 시비 거는 말이 나왔던 것이다. 그러나 담임 선생님인 열정샘 앞에서는 순종하며 따르는 모습으로 자신을 철저히 방어하고 있었다.

단순히 수업시간에 조금 늦은 거라면 간단히 넘어갈 수도 있겠지만 열정샘이 유한이를 봤을 때 분명 이건 강욱이, 창민이 녀석들의 힘에 유한이가 끌려가는 상황이었다.

'지난번 창의적 체험활동 시간에 힘든 친구를 도와주고 모두가 행복한 학교를 만들기 위해 노력하자는 의미로 아이들과 〈교실을 바꾸는 열쇠 – 방관자를 방어자로〉 프로그램도 진행하고 좀 더 평화로운 관계를 만들어 나갈 수 있었으면 하는 마음으로 〈함께 만드는 교실 – 학급규칙 세우기〉도 했었는데 왜 또 이런 일이 생기지?'

눈에 보이지 않는 힘의 불균형이 여전히 존재하는 것 같아 열정샘은 걱정이 되었다.

'그동안 유한이가 이 아이들 눈치 보며 많이 끌려 다닌 것 같은데……, 이 문제를 어떻게 해결하면 좋을까? 유한이도 분명 '싫어, 안 돼'라는 말을 하고 싶었겠지만 두려워서 못했겠지. 저 두 녀석은 말도 안 되는 이유로 친구를 괴롭힌 것 같은데 오히려 자신들이 억울하다는 듯 서 있으니……. 어떻게 하면 좋을까?'

이번 유한이 일뿐만 아니라 지금까지 교실에서 일어나는 크고 작은 많은 일 중에 강욱이와 관련되는 문제가 자주 일어나면서 열정샘의 마음에는 강욱이에 대해 자신도 모르게 편견이 생기는 것 같았다.

'내가 이런 마음으로 강욱이와 이야기를 한다면 어떤 이야기를 해도 방어하고 저항을 할텐데……. 강욱이를 생각하여 지적하거나 야단친다고 매번 듣는 나의 말보다는 친구들의 말이 더 큰 자극이 되지 않을까? 이번 일을 공감대화카드로 전체 공감활동을 해 보면 도움이 될수도 있을 것 같아?'

열정샘은 유한이와 강욱이 사이에 있었던 일을 학습학생들이 모두 들을 수 있게 정리하며 이야기하기 시작했다.

"쉬는 시간 화장실에 갔다가 교실로 가려는 유한이를 강욱이와 창민이가 가위바위보 해서 이기면 화장실을 나갈 수 있다고 먼저 제안을 했다고 해요. 유한이는 가위바위보를 해서 이기면 보내준다는 친구들에게 '싫다'라고 말하지 않고 화장실에서 나오지 못하고 있었어요. 유한아, 선생님 말에 잘못된 부분이 있니?"

"아뇨."

기어들어가는 목소리로 겨우 대답한다.

"강욱이와 창민이는 화장실에서 수업 종소리를 들었지만 유한이에게 가위바위보를 해서 이기면 보내주겠다고 이야기했어요. 그런데 유한이가 '싫다'라는 말을 하지 않아서 같이 놀고 싶은 줄 알았다고 합니다. 강욱이와 창민이는 내 말에 틀린 부분이 있으면 말해줄래?"

"없는데요."

대답하는 모습이 반항하는 듯 다소 공격적으로 느껴진다.

"지금 우리 반 친구에게 일어난 일을 보면서 여러분은 어떤 느낌이 들었는지 모두 함께 이야기를 나누면서 친구의 입장을 이해할 수 있는 시간이 되면 좋겠어요."

열정샘은 공감대화카드를 모둠별로 나누어주었다.

"모둠에서 이끔이는 공감대화카드 중에서 감정카드를 꺼내 모둠 친구들에게 골고루 나눠 주고, 카드를 받은 모둠 친구들은 자기 책상 위에 카드 그림이 위로 오도록 펼치세요. 유한이가 오늘 느꼈을 감정을 떠올려보고 유한이 감정이라고 생각되는 감정카드를 골라 각자 자기 자리에서 카드의 감정을 읽으며 앞에 있는 유한이를 공감하면 됩니다."

(모둠별로 유한이의 기분을 감정카드에서 찾아낸다.)

1모둠부터 차례로 한 사람씩 발표해주세요."

이감이는 대한이 책상 앞에 놓여 있는 '짜증나다' 감정카드를 집어 들며,

"유한이는 종치고 교실로 가고 싶었을 텐데 강욱이가 놀다 가라며 강제로 막은 것 같아 짜증났을 것 같아요."

라고 말했다.

이어서 다정이는 '속상하다'를 고른 후 유한이를 향해 이해한다는 표정으로 공감하며 말했다.

"전 유한이가 쉬는 시간이 끝나고 교실로 오고 싶었을 텐데 강욱이와 창민이가 가위바위보 게임을 억지로 하자고 하며 못 가게 해서 괴롭고 속상했을 것 같아요. 그래서 수업시간에도 늦었으니까요."

다음 모둠의 이끔이였던 희망이는 '곤란하다' 카드를 들고 모둠에서 가장 먼저 이야기를 시작하였다.

"유한이가 원하지 않는 일을 억지로 하자고 하는 친구들 때문에 곤란했을 것 같아요."

"유한이가 곤란하고 속상했을 것 같단 말이구나. 다음 모둠 공감해주세요."

"선생님, 다른 친구랑 같은 카드 고르면 어떻게 해요?"

"같은 마음일 경우 그 카드를 다시 가져와서 이야기해도 됩니다."

"조마조마할 것 같아요. 유한이는 수업 종 치고 오고 싶었을 것 같은데 강욱이가 이기면 보내준다고 해서 오지도 못하고, 게임하기 싫다고 말하면 그 애들이 뭐라고 할까봐 조마조마했을 것 같아요. 2:1이잖아요."

"강욱이랑 창민이가 유한이 하고 싶은 대로 못하게 해서 답답했을 것 같아요."

열정샘과 함께 지켜보고 있던 반 아이들은 모둠별로 유한이를 공감해 주는 말을 이어갔다.

아이들이 상대의 입장에서 생각해 보는 것을 제대로 잘 할 수 있을까 걱정했는데 생각보다 친구의 마음을 잘 읽어내는 아이들이 기특하고 대견한 마음이 들었다.

"유한아, 친구들 이야기 들으며 어땠는지 궁금해. 친구들 이야기 중에서 네 마음을 가장 잘 표현한 것 같은 감정 두세 가지만 골라 보겠니?

유한이는 천천히 카드 세 장을 골랐다.

"네 마음은 어땠는지 고른 카드로 이야기해 볼까?"

"속상했어요. 화장실에서 수업 종소리를 듣고 교실로 오고 싶은데 저를 막아서 못나가게 하니까요. 그런데 애들이 뭐라고 할까봐 무섭기도 하고……"

유한이는 작은 목소리로 말을 이었고, 열정샘은 아이의 마음을 읽어주었다.

"넌 바로 교실로 오고 싶었는데 애들이 뭐라고 할까봐 두려웠구나. 이렇게 친구들이 네 이야기를 듣고 공감해주니까 지금 기분은 어때?"

"고마워요. 친구들이 내 마음을 알아주는 것 같아서 좋아요."

유한이는 반 친구들이 자기 마음을 알아주는 것 같아 마음이 조금 놓이기 시작했고 표정도 처음보다 편안해 보였다.

하지만 이를 지켜보는 강욱이와 창민이는 선생님과 아이들의 관심이 유한이에게로 모이는 것 같아 불편해지기 시작했다.

"아이들 이야기를 들은 강욱이 네 마음은 어떠니?"

"너 아까 아무 말도 안 했잖아!!!"

억울하다는 듯 소리를 높여 유한이에게 짜증스러운 반응을 보이는 강욱이를 보니 친구들의 공감은 강욱이에게 자신의 행동을 탓하는 것 같이 들려 은근한 압력이 되었던 모양이다. 단지 친구들은 유한이의 상처받은 마음을 공감해준 것 뿐인데 말이다. 어쩌면 우리가 유한이를 공감한 활동이 어쩌면 강욱이와 창민이에게는 이렇게 받아들여진지도 모르겠다.

'너희 때문에 유한이가 속상해하고 있잖아.'

'너희들 행동으로 유한이가 이렇게 슬퍼하고 있잖아.'

'너희 행동으로 유한이가 두려움에 떨고 있잖아.'

'너희들의 행동으로 유한이가 힘들어하고 있잖아.'

'너희 행동으로 유한이가 괴로워하고 있잖아.'

'너희 행동으로 유한이가 이렇게 마음 아파하고 있잖아.'

지금까지는 일이 생길 때마다 강욱이를 얼르고 달래고 꾸지람을 하고 무엇을 해도 강욱이가 중심이었지만 이 순간은 학급의 모든 관심이 유한이에게로 모이는 상황이었다. 강욱이는 모든 사람들이 자신이 아닌 유한이 편에 서 있는 것 같은 이전에 없던 이 상황이 당황스럽고 불편했다. 지금까지 열정샘이 만났던 공격성을 가졌던 많은 아이들은 자기 속에 불편한 마음이 들어올 때 그 공격성을 해소하는 방법으로 더욱 공격적인 방법으로 풀어내는 것 말고는 더 나은 방법을 모르는 아이들이었다. 그런데 강욱이와 창민이가 불편해지는 걸 보니 그냥 여기서 마무리했다가는 혹시나 쉬는 시간에 다른 아이들에게 또 다른 공격성으로 표출되지는 않을까 걱정이 되었다. 그래서 이 아이들의 마음을 풀어내줄 만한 그 무언가가 필요하다고 생각했다.

"지금 강욱이 마음이 많이 불편해 보이는데, 지금 이 친구들의 마음은 어떨까요? 이번에는 강욱이와 창민이 감정이라고 생각되는 감정카드를 골라 각자 자기 자리에서 카드를 읽으며 앞에 있는 강욱이와 창민이에게 공감하면 됩니다. 이야기 해 봅시다."

"우리가 유한이 편만 들어준다고 생각해서 짜증났을 것 같아요."

"같이 놀았을 뿐인데 유한이 편을 들어주는 것 같아서 불편할 것 같아요."

"미안할 것 같아요. 자기들은 장난이라고 했지만 화장실에서 친구를 괴롭힌 거니까 미안해할 것 같은데요."

"장난이라고 생각했다면 지금 이 상황이 당황스러울 것 같아요. 화장실에서 자기들은 재미로 그런 건데 이렇게 유한이가 속상해할 줄은 몰랐나봐요."

학급 아이들의 이야기를 듣던 열정샘은 강욱이와 창민이에게 기분을 물어보았다.

"친구들 이야기를 들으니 어떤 마음이야?"

"……. 아까는 유한이 편만 들어서 화가 났는데……. 유한이 마음도 이해되는 것 같아요."

강욱이와 창민이는 반 친구들에게 자신들도 함께 이해받는 것 같은 느낌에 좀 전 공격적인 모습은 조금 누그러졌다.

열정샘은 아이들의 감정 찾기에 이어서 아이들이 진짜 원하는 것을 찾아보도록 하였다.

"그럼 유한이와 강욱이, 창민이가 원하는 건 뭘까? 이 친구들이 바라는 게 있을 것 같은데 그게 이루어지지 않아서 앞에서 친구들이 말한 그런 마음이 드는 것 같아요. 이 친구들의 바람을 바람카드에서 함께 찾아볼게요."

아이들은 감정카드 활동에 이어서 바람카드를 펼쳐놓고 유한이의 바람이라고 생각되는 카드를 찾아내기 시작했다. 감정카드 활동 때처럼 한 사람씩 돌아가며 자기가 생각하는 친구의 바람을 카드에서 찾아 발표하는 공감활동을 이어갔다.

"유한이는 친구들과 사이좋게 지내길 원하는 것 같은데 그러지 못해서 속상한 것 같아요."

"좋은 관계를 원할 것 같은데 그러지 못해 슬픈 것 같아요."

"배려받고 싶은데 그러지 못해서 짜증날 것 같아요."

"유한이가 직접 네가 바라는 것을 이야기해 볼래?"

학급 친구들이 유한이의 바람을 찾아주는 활동 뒤에 유한이는 자신이 원하는 것을 떠올리며 카드에서 자신의 바람을 찾아 들었다.

"전 친구들과 서로 잘 어울렸으면 좋겠어요. 그리고 제 마음을 이해받고 싶어요."

유한이가 자신의 바람을 이야기하면서 울먹울먹하였다.

"다른 친구들에게도 다가가고 싶었는데 아이들이 절 싫어할까봐……"

"너도 아이들과 놀고 싶은데 그 친구들에게 다가가는 게 주저되고 어려웠나보구나."

이 이야기를 듣는 반 친구들은 유한이의 마음을 이해하게 되었다.

"유한이는 그동안 친구들과 잘 어울리길 바라는데 그게 잘 안 될 때 힘들었을 것 같아. 어떻게 하면 잘 어울릴 수 있을지 방법이 잘 떠오르지 않아서 막막하기도 했겠다."

"그럼 강욱이와 창민이의 바람은 무엇일까?"

"상황이 잘 풀리기를 바랄 것 같아요."

"좋은 관계를 원할 것 같아요."

"재미있기를 원하는 것 같아요. 그래서 친구에게 그런 게 아닐까요?"

"친구들이 강욱이와 창민이의 바람을 말해주었는데 너희들의 바람은 뭐지?"

"친구들과 잘 지내고 싶고 지금 상황을 이해받고 싶어요."

"그래, 결국 너희들 모두 친구들과 즐겁게 잘 지내고 싶고 이해받고 싶은 마음이 있었구나.

그럼 너희가 앞으로 어떻게 하면 좋을까?"

"……"

강욱이와 창민이가 대답을 잠시 주저하는 듯하자 교실 저 뒤쪽에서 누군가 외쳤다.

"화해해, 화해해."

그러자 이어서 교실 이곳저곳에서 화해하라는 목소리가 터져 나왔지만 강욱이는 바로 화해의 말을 건네지는 못했다.

"여러분, 오늘 공감활동을 하고 어땠는지 느낌 나누기를 해 볼게요."

"유한이가 그렇게 아프고 힘들어할 줄 몰랐어요."

"전 유한이가 혼자 있는 게 편하고 좋은 줄 알았어요. 때로는 유한이가 불편하기도 했었어요. 그런데 오늘 유한이 이야기 들으니……. 마음이 많이 아팠어요."

"늘 혼자여서 외롭고, 어떻게 해야 할지 몰라 막막했을 것 같아요."

"유한이도 친구들과 잘 어울리고 싶었는데 그게 잘 안 되니까 슬펐을 것 같아요."

강욱이에 대한 두려움없이 유한이에 대한 공감만으로도 아이들이 방어자로 거듭나고 있었다.

'유한이나 강욱이가 상처받지 않을까? 아이들이 유한이를 싫어했는데 유한이 마음을 공감할 수 있을까? 강욱이에게 또 다른 공격성의 핑계가 되지는 않을까?'하는 열정샘의 불안과 걱정은 서로에 대한 공감과 이해의 활동으로 사라져 버렸다. 오히려 서로를 배려 하고 이해하는 따뜻한 분위기가 교실에 감돌았다. 열정샘은 스스로 문제를 해결하고 서로를 성장시키는 힘을 가진 아이들로 자라주기를 바라며 활동을 마무리 지었다.

이번에 강욱이, 창민이, 유한이 사이에서 일어난 관계적 폭력을 보면서 열정샘은 자신의 어린 시절을 떠올려 보았다. 예전엔 남자아이들끼리 치고받고 서로 툭탁거리며 물리적 폭력의 관계도 받아들여졌지만 지금은 아니다. 어떤 경우에도 폭력을 허용하지 않겠다는 사회적 분위기 때문인지 물리적 폭력은 줄어드는 것 같다. 하지만 예전과 달리 남자아이들도 관계적 폭력으로 많은 문제가 생기는 걸 보며 아이들과의 공감활동이 더욱 필요하다는 생각을 하게 되었다.

쉬는 시간.

사랑이가 조심스럽게 유한이 곁으로 다가가는 게 보였다. 그때 예리가 느닷없이 나타나선

"유한아, 너 이번에 과학영재 신청했다며? 넌 어떻게 준비하냐? 난 엄마가 뭐라해서 짜증나 죽겠어."

"와, 너네 둘이 과학영재 신청한 거야?"

"유한이 너 내가 묻잖아. 대답 좀 해봐."

예리하게 파고드는 날카로운 예리의 말투는 여전했지만 유한이는 편안하게 받아들이는 것 같았다.

아이들 사이에서 무언가 새로운 기운이 만들어지고 있었다.

얘들아, 마실 가자!

기대효과
■ 힘의 균형이 깨어진 교실에서 방관자로 있는 아이들을 공감활동을 통해 자연스럽게 방어자로 만들어 교실문화를 바꿀 수 있다.

■ 가해자에게 자신의 행동에 대한 책임을, 피해자에게 격려와 위로를 줄 수 있다.

준 비 물
■ 공감대화카드 세트(모둠별)

과 정
■ **상황 바라보기**

· 관련 학생들의 이야기를 통해 괴롭힘의 상황을 학급 구성원 모두 공유한다.

· 교사는 판단 없이 있었던 일을 정리해서 관련 학생들에게 확인한다.

■ **피해학생 마음 바라보기**

· 모둠에서 감정카드를 나누어 펼친다.

· 피해학생이 어떤 마음일지 생각하며 카드를 고른다.

· 한 사람씩 돌아가며 각자 고른 카드로 피해학생을 공감한다.

· 피해학생은 공감받은 후 자신의 마음을 이야기한다.

■ **가해학생 마음 바라보기**

· 모둠에서 감정카드를 나누어 펼친다.

· 가해학생이 어떤 마음일지 생각하며 카드를 고른다.

· 한 사람씩 돌아가며 각자 고른 카드로 가해학생을 공감한다.

· 가해학생은 공감받은 후 자신의 마음을 이야기한다.

■ 피해학생 바람 알아차리기

· 모둠에서 바람카드를 나누어 펼친다.

· 피해학생의 바라는 바를 생각하며 카드를 고른다.

· 한 사람씩 돌아가며 각자 고른 카드로 피해학생을 공감한다.

· 피해학생은 공감받은 후 자신의 마음을 이야기한다.

■ 가해학생 바람 알아차리기

· 모둠에서 바람카드를 나누어 펼친다.

· 가해학생의 바라는 바를 생각하며 카드를 고른다.

· 한 사람씩 돌아가며 각자 고른 카드로 가해학생을 공감한다.

· 가해학생은 공감받은 후 자신의 마음을 이야기한다.

■ 느낌 나누기

진 행
도우미

■ 활동하기 전 피해자의 동의를 얻어 활동을 진행할 수 있도록 한다.

■ 앞에 친구가 공감한 카드를 중복해서 사용할 수 있다. 같은 감정단 어라도 이를 설명하는 말이 다를 때 다른 느낌으로 와 닿기도 하기 때문이다.

■ 교실에서 힘의 불균형이 클 때 사용하며, 상황발생 즉시 활용하는 것이 효과적이다.

9. 긴 터널을 지나야 만나는 내 바람의 빛 – 학부모 상담

어제 공감대화카드를 활용한 '마실'을 통해 강욱이와 창민이의 변화와 성장을 꿈꾸며 열정샘은 기대에 찬 아침을 시작하였다.

그런데 아침 일찍부터 전화벨이 요란스럽게 울렸다.

"여보세요? 안녕하세요, 선생님. 저 유한이 엄마인데요. 우리 유한이가 또 반 친구들한테 괴롭힘을 당했다고 하던데. 맞나요? 아니, 그 반 아이들은 우리 유한이를 왜 그렇게 못살게 구는 거예요? 그동안 선생님은 뭘 하셨어요? 제가 지금까지는 아이들 같이 키우는 입장에서 많이 참았는데 이젠 안 되겠어요. 누구라고 했더라? 아~ 강욱이와 창민이 어머니를 좀 만나야겠어요. 도대체 그 집 부모들은 아이들 교육을 어떻게 시켰기에 그렇게 괴롭히는 거예요?"

전화기 너머로 유한이 어머니는 그동안 겹겹이 쌓여진 분노를 폭풍처럼 쏟아냈다.

유한이는 1학년 때부터 친구들과 잘 어울리지 못하고 자기만의 세계에서 혼자 노는 경향이 짙었다. 그래서 학년이 올라갈수록 아이들과 함께 놀고 소통하는 시간이 적었다. 게다가 몸도 약하고 마음도 여리다 보니 개구쟁이 남학생들의 장난과 괴롭힘의 대상이 되었다. 그래서 그동안 유한이도, 유한이 어머니도 나름대로 맘고생이 이만저만이 아니었나보다.

그러나 열정샘은 어제의 그 폭풍같은 사건을 따뜻하게 처리하고 행복한 하루를 기대했었는데, 아침부터 강력한 항의 전화를 받고 나니 정신이 하나도 없었다.

 '어떻게 해야 되지? 저렇게 흥분하신 것을 보니 강욱이와 창민이 어머니를 만나면 싸우실 것이 뻔해 보이는데…… 아이들은 이제 조금씩 서로의 마음을 알아가기 시작했는데, 어머니들끼리 만나서 상황을 더 악화시키는 것 아냐?'

 온갖 불안과 두려움에 머리가 복잡했다.

 연구실에 앉아서 이 일을 어떻게 처리해야 하나 고민에 빠진 열정샘은 아무리 생각해도 어떻게 해야 옳은지 알 수가 없었고, 두 학부형이 싸울까봐 무서운 마음까지 들었다. 누군가의 도움이 절실히 필요했다. 그러나 1정 연수까지 받은 정교사인데 이런 문제 하나 제대로 처리 못해서 누군가에게 도움을 청하는 것이 부끄러운 마음이 들어 망설이게 되었다. 그러나 한참을 고민해도 뾰족한 해결책은 생각나지 않고 답답한 마음만 커져간 열정샘은 옆 반 교실 문을 두드렸다.

 "선생님, 시간 괜찮으세요?"

 "예, 시간 괜찮아요. 그런데 선생님 무슨 일이 있으신가 봐요. 얼굴빛이 안 좋은데요."

 열정샘은 어제 교실에서 있었던 일부터 아침에 유한이 어머니의 폭풍같은 항의까지 자세히 설명했다. 말을 하면서도 도대체 '내가 뭘 그렇게 잘못했다고 유한이 어머니가 나한테 이렇게 화를 내시나' 하는 생각에 억울한 마음이 들어 울컥하기까지 했다.

"선생님, 아침부터 그런 전화를 받아서 참 놀라고 당황스러웠겠어요. 게다가 어제 아이들과 잘 해결될 것이라고 기대하고 있었는데, 갑자기 문제가 더 악화되고 나빠지지는 않을까 걱정되기도 했을 것 같아요."

"네 선생님. 그런데 무엇보다도 부모님들을 만나 어떻게 말을 해야 잘 해결될지 막막해요."

"그렇죠. 예상하지 못한 일인데다가 학부모 상담 경험이 없으니 더 막막할 것 같네요."

"네 선생님, 그리고 이렇게까지 말하면 제 자랑 같지만 저는 아이들한테 정말 좋은 프로그램으로 열심히 지도하고 있는데 그것도 몰라주고 화를 내는 유한이 어머니께 섭섭하기도 했어요."

"왜 그런 마음이 안 들겠어요. 선생님이 얼마나 노력하는지 제가 옆에서 다 봤잖아요. 선생님, 지금 시간 괜찮으세요? 한 30분 정도."

"네 선생님. 왜 그러세요?"

"제가 가끔 쓰는 방법인데, 저는 고민이 생기거나 혼란스러울 때 공감 대화카드로 저랑 이야기를 해요. 제가 어떤 감정의 상태인지 알아보기도 하고, 제가 진정 원하는 것이 무엇인지 찾아보기도 하고. 그리고 나면 무엇을 해야 할지 좀 선명해지거든요. 어때요? 선생님도 한 번 해 보시겠어요?"

갑작스런 제안에 열정샘은 당황스러웠지만, 혼란스런 마음이 정리될 수 있을 것 같은 기대감에 해 보기로 하였다.

옆 반 선생님께서는 감정카드를 책상 위에 한 가득 펼치고는 이야기를 시작하였다.

"선생님, 지금 마음이 어떤지 카드에서 하나씩 찾으면서 이야기 해 봐요."

"우선 학부모님들과 어떻게 말을 해야 할 지 막막하고, 혹시나 서로 싸우시게 되는 일이 생길까 두려워요. 그리고 나는 최선을 다해서 노력하고 있는데 일이 뜻대로 되지 않아서 속상하고 유한이 어머니께서 그 마음을 몰라주는 것 같아 섭섭해요."

"갑자기 이런 일이 생겨서 당황스럽기도 하고 좋은 해결책이 떠오르지 않아 답답하단 말이죠. 게다가 일이 더 나쁘게 커져버릴까 걱정되기도 하실 것 같아요."

열정샘은 옆 반 선생님의 공감을 받으며 자기 마음을 감정카드를 통해 하나씩 표현해 갔다.

"네. 선생님, 저 올해 아이들과 정말 행복한 교실 만들고 싶어서 많이 고민하고 노력을 많이 했거든요. 그런데도 이렇게 문제가 생기고 학부모님들까지 저렇게 나오니 제가 너무 무능력한 것 같아 비참한 기분까지 들어요. 무엇보다 화난 학부모님들이 싸워서 문제가 더 커지게 될까봐 불안해요. 이제 유한이도 조금씩 아이들과 소통하기 시작하고, 강욱이도 자기 힘을 조절하고 친구의 아픔을 알기 시작하게 된 것 같은데, 이 좋은 분위기가 망쳐 질까봐 걱정되어요."

"선생님 마음이 복잡하고 혼란스러울 것 같아요."

열정샘 앞에 감정카드가 한 가득 채워질 때쯤.

"이 많은 감정들이 혼란스럽게 섞여 있겠지만 이 중에서 가장 크게 느껴지는 핵심 감정 3가지만 골라보세요."

불안하다　막막하다　걱정되다

"학부모님들이 오셔서 싸우게 되어 문제가 커질까봐 불안하고, 제가 어떻게 말하고 처리해야 할지 막막하고, 무엇보다 아이들이 조금씩 변하고 있는데 이것이 다시 나쁘게 되돌아가버릴까봐 걱정이 돼요."

"학부모님들끼리 서로 잘 이야기가 되어서 지금 조금씩 성장하는 아이들에게 도움이 되고 싶은데, 어떻게 해야 할지 몰라 막막한 마음이 드셨나 봐요."

"네 선생님. 정말 막막해요. 잘되었으면 좋겠는데……"

"이번에는 선생님의 바람을 한 번 찾아볼까요?"

옆 반 선생님은 찾아둔 핵심 감정카드 세 개를 제외하고 감정카드를 정리하였다. 그리고 바람카드를 책상 한 가득 펼치셨다.

"선생님. 선생님이 바라는 것이 무엇인지 이 바람카드에서 한 번 찾아볼까요?"

"우선 지금 이 상황이 잘 해결되어서 문제가 커지지 않았으면 좋겠어요. 그리고 아이들의 성장에 도움이 되는 선생님이 되고 싶고, 무엇보다

애들아, 마실 가자!

제가 지금보다 나은 모습이 되면 이런 문제들을 잘 해결할 수 있을 것 같아요."

"학부형들과 소통이 잘되어서 문제가 잘 해결되기를 바라실 것 같네요. 그리고 능숙하게 이 문제를 잘 해결하고 싶고, 무엇보다 이렇게 노력하고 애쓰는 마음을 학부모님들이 이해해주시기를 바라실 것 같아요."

"네, 학부모님들이 제 마음을 좀 이해해주셨으면 좋겠어요. 전 정말 우리 반 아이들 모두가 행복한 학교생활을 했으면 좋겠고 잘 성장했으면 좋겠거든요."

"선생님의 그 마음 잘 알죠. 선생님이 학교에서 몸으로 보여주고 계신걸요. 그 덕분에 그 교실에 웃음소리가 가득하잖아요."

"아니에요, 선생님. 아직 많이 부족한 걸요."

"선생님 잘하고 계세요. 선배교사로서 옆에서 볼 때 참 대견하고 자랑스러웠어요."

열정샘은 수줍게 웃으며 자신감을 얻어 갔다. 그리고 책상 가득 채워진 바람카드 중에서 세 개를 골랐다.

서로 소통하고 싶은가요? 지금 상황이 잘 풀리기를 기대하시나요? 다른 사람에게 도움 되는 사람이 되고 싶나요?

"우선 학부모님들끼리 서로 잘 소통이 되어서 지금 상황이 잘 풀렸으면 좋겠어요. 그리고 무엇보다 제가 우리 반 아이들이 잘 성장하는 데 도움

이 되는 좋은 선생님이 되고 싶어요,

"선생님은 우선 학부모님들끼리 소통이 잘되어서 이 상황이 잘 해결되기를 바라시고, 무엇보다 아이들에게 도움 되는 좋은 선생님이 되고 싶으셨나봐요."

"아……. 그러네요, 선생님. 제가 도움 되는 좋은 교사가 되고 싶었네요. 도움 되는 좋은 교사"

무언가 깨달았다는 표정으로 열정샘은 같은 말을 되뇌었다.

"이렇게 자기감정도 찾고 바람도 찾아보니 어때요? 표정을 보니 좀 밝아지고 기운이 난 것 같은데."

"처음에는 막연히 불안하고 답답하고 그랬는데, 명확히 알고 보니 마음이 시원해졌어요. 그리고 제가 무엇을 바라는지 찾고 보니 기운이 좀 나요. 아직 구체적으로 어떻게 해야 할지는 잘 모르겠지만, 이제는 해낼 수 있을 것 같아요. 자신감이 좀 생겼다고 할까나? 이제 웃음이 좀 나는데요. 히히."

"그래요, 선생님이 기운이 좀 난다고 하니 반갑고 좋네요. 그리고 무엇보다 선생님이 아이들과 학부모님들에게 도움 되는 좋은 교사가 되고 싶은 그 마음이 그 분들에게 있는 그대로 전해진다면 지금 이 상황은 잘 해결될 것 같아요. 힘내요. 선생님."

그리고 옆 반 선생님은 학부모 상담의 노하우 몇 가지를 알려주었다.

1. 교사로서의 나의 감정과 바람 정리하기.

2. 유한이 어머님(피해자)의 마음을 공감해주기.

3. 강욱이(가해자)와 창민이 어머님의 마음을 공감해주기.

4. 두 부모님과 아이들이 같이 만나 서로의 마음을 나누는 자리 마련하기.

5. 교사로서 마음과 비전 제시하기. – 아이들의 성장에 도움 되는 교사이고 싶고, 그 성장에 부모님들의 마음과 노력이 함께 될 때 우리 아이들이 더 행복하게 성장할 수 있다는 것. 즉 교육 공동체가 되어 함께 우리 아이들을 성장시키고자 하는 마음 전하기.

6. 앞으로의 성장과 관계 개선을 위한 약속이나 책임에 대해 이야기하기.

옆 반 선생님과 소통을 마친 열정샘은 끝이 보이지 않던 깜깜한 터널의 끝자락에서 빛을 만난 듯한 느낌이 들었다. 그리고 잘할 수 있을 것 같은 기대감에 내일이 기다려졌다.

유한이 어머니의 분노 그리고 만남과 교육공동체

열정샘은 먼저 유한이 어머니를 만났다. 수업을 마친 후 학년 연구실에서 공감대화카드 한 벌을 둔 책상을 사이에 두고 앉았다. 어제 전화 통화하던 그 분노에 찬 목소리는 어디가고 힘이 없이 슬픈 얼굴을 한 유한이 어머니가 앉아 있었다.

"우리 유한이는 1학년 때부터 학교 적응이 힘들었어요. 집에서는 고집이 좀 세서 그렇지 그렇게 말썽을 피우는 녀석이 아니거든요. 근데 학교에서는 늘 친구가 없다고 하고 사회성이 부족하다는 말을 들었어요. 왕따를 당하기도 했어요. 그리고 우리 아이가 몸집도 작고 힘도 약하다 보니 큰 아이들이 좀 많이 괴롭히기도 한 것 같아요. 그런데 학년이 올라갈수록 더 예민해지고 폭발적으로 신경질을 내고 물건을 던져서 문제가 되기도 했어요. 저 딴에는 감당할 수 없어서 그러는 것 같은데 어떻게 도와주어야 할지 모르겠더라구요. 정신과도 다녀보고 야단도 쳐보고 달래기도 해보고 온갖 방법을 다 써 봤는데 별 소용이 없었어요. 그리고 원칙적으로 누구라고 했더라? 강욱이나 창민이라는 아이들이 문제 아닌가요. 유한이 이야기를 들어보니 유한이 뿐만 아니라 반에 있는 친구들을 많이 괴롭힌다고 하던데"

하며 그동안 속상하고 힘들었던 마음들을 줄줄이 내뱉었다. 열정샘은 그동안 유한이 어머니의 힘들고 답답했던 마음이 공감이 되어 가슴이 아팠다.

"어머니, 그동안 유한이로 인해 마음이 많이 아프고 힘드셨겠어요. 어머니 나름대로 애를 많이 쓰셨는데 문제가 잘 해결되지 않아 얼마나 답답하셨겠어요."

"네, 정말 제 딴에는 노력을 많이 했거든요. 그런데 뜻대로 되지가 않네요. 그리고 우리 유한이도 문제가 있지만, 강욱이나 창민이 같은 아이도 학교에서 적절한 조치가 있어야 되는 것이 아닌가요? 여러 아이들이 피해를 많이 보는 것 같던데."

"그런 마음이 드실 것 같아요. 유한이나 그밖에 여리고 약한 친구도 안전하게 학교 다닐 수 있도록 교실 분위기가 바뀌었으면 좋겠다는 말씀이시죠."

"네, 그래야지 엄마들이 마음 놓고 학교 보낼 수 있지 않겠어요."

열정샘의 따뜻한 공감이 몇 차례 이어지자 유한이 어머니의 얼굴빛이 좀 밝아지고 목소리에는 기운이 났다.

"어머니, 제가 아이들과 상담을 할 때 쓰는 공감대화카드라는 도구가 있는데 이 도구가 자기 마음 찾고 자기가 원하는 것을 찾는데 도움이 많이 되었거든요. 아이들만 쓰는 것이 아니라 교사 동아리 스터디할 때도 서로 상담해주고 그러는 도구인데, 이걸로 어머니 마음이나 바람 한 번 찾아보는 것 어떠세요? 하는 방법도 어렵지 않고 쉬워요."

"그래요? 저도 쉽게 할 수 있다는 말씀이세요? 그러면 한 번 해 보죠 뭐."

열정샘과 유한이 어머니는 감정카드를 펼치고 어머니의 마음을 카드에서 찾기 시작했다. 여러 가지 감정카드를 찾으면서 그동안 쌓였던 아픔과 슬픔과 그리고 분노와 두려움을 마구 쏟아내었다. 그 많은 감정 중 핵심 감정 세 가지.

막막하다   미안하다   걱정되다

어떻게 가르쳐야지 유한이가 학교생활을 잘할 수 있을지 막막하고, 어머니가 약하고 여린 아이로 낳고 제대로 교육을 못 시킨 것 같은 죄책감에 미안하고, 그리고 앞으로 중학교 가면 아이들이 더 거칠다고 하는데 어떻게 학교는 잘 다닐 수 있을지 걱정이 된다는 것이었다. 자신의 마음을 감정카드로 정리한 유한이 어머니는

"이 카드 정말 신기하네요. 답답한 속이 좀 시원해지는 것 같아요. 그동안 혼란스러웠는데 내 마음이 이랬었군요."

하며 안도의 한숨을 쉬었다.

그리고 바람카드를 펼치고 바람을 같이 찾아보았다. 한참 카드를 살펴보더니 세 장의 카드를 집었다.

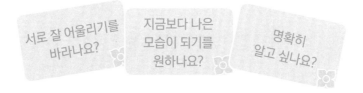

유한이가 반 친구들과 잘 어울려서 학교생활을 잘하기를 바라고, 그래서 지금보다 더 나은 모습이 되었으면 좋겠고, 무엇보다 당신이 엄마로서 어떻게 도와야 할지 명확히 알고 싶다고 얘기하며 눈가에 눈물이 맺혔다.

"우리 유한이도 학교에 잘 적응하고 행복하게 다닐 수 있겠죠? 선생님. 제가 어떻게 도우면 될까요? 그래도 막막하기만 했는데 이걸 하고 나니 힘이 좀 나네요. 희망도 보이는 것 같아요. 그냥 처음에는 다른 학교로 전

학시킬까 하는 생각을 하고 왔거든요."

하며 잔잔한 미소를 보였다.

"어머니께서 희망이 보이신다고 하니 저도 반갑네요. 저도 유한이가 학교생활을 즐겁게 하고 잘 성장하기를 바라요. 어머니와 제가 같은 마음으로 유한이를 도우면 잘되지 않을까요?"

"네. 뭐든 해 보고 싶어졌어요."

어느새 열정샘과 유한이 어머니는 유한이를 위한 교육공동체가 되어 같은 곳을 바라보고 서로에게 힘이 되어주고 있었다.

가해자 부모님의 방어기제를 풀어라

유한이 어머니와의 따뜻한 화합에 힘을 얻은 열정샘은 다음날 강욱이 어머니와 창민이 어머니를 만났다. 두 사람은 사전에 무슨 모의라도 하신 듯 첫 마디가

"선생님 뭐 이런 일로 학교까지 부르시나요? 아이들끼리 장난 좀 친 것 가지고."

"그러니까요. 어디 다치거나 부러진 것도 아니고, 피가 난 것도 아니고. 이런 일은 학교까지 올 일은 아닌 것 같아요. 선생님께서 아직 경력이 짧으셔서 잘 모르시는 것 같은데, 고학년 아이들끼리는 이런 일 자주 있어요. 그냥 서로 화해하고 그러면 또 잘 지내요. 우리도 그렇게 싸우면서 자

란걸요."

열정샘은 강욱이와 창민이에게 무슨 불이익이 갈까 조바심을 내면서 아무렇지도 않은 일로 넘어가려는 두 어머니의 처사가 이해가 되면서도 얄밉고 야속한 마음이 들었다.

'자기 자식이 유한이 같은 입장이 되어도 저렇게 말씀하실까?'

그러나 옆 반 선생님에게 이런 반응이 있을 것이라는 것을 미리 들은 까닭에 우선 공감부터 하기로 마음먹었다.

"그냥 아이들끼리 장난을 친 것 같은데 두 어머니를 학교까지 오라고 하시니 무슨 큰 일이 벌어질까 좀 당황스럽고 걱정도 되시겠어요."

"뭐 그런 것까지는 아니지만, 요즘 학교폭력문제가 워낙 예민하니까. 이런 것도 학교폭력인가요? 그럼 무슨 징계라도 받는 건가요? 그 정도 문제는 아닌 것 같은데."

"혹 아이들이 징계를 받게 될까봐 걱정되시나 봐요."

"아무래도 그렇죠. 생활기록부에 남는 것도 좀 그렇고……"

"어머니 마음도 걱정도 충분히 이해합니다. 그냥 아이들끼리 장난친 것 같은데 문제가 커져서 아이들에게 치명적인 오점이 남을까 불안한 마음이실 것 같아요. 저도 강욱이와 창민이를 벌주기 위해서 어머니들을 부른 것은 아닙니다. 저도 어머니들처럼 그 아이들이 학교에서 잘 성장하고 학교생활 즐겁게 지내기를 바라는 사람인걸요."

"아, 네. 당연히 그러시겠죠."

"그래서 어머니들의 도움이 필요해서 모셨습니다. 두 아이를 비롯한 우리 반 아이들 모두가 행복한 학교생활을 하고 잘 성장할 수 있도록 마음과 힘을 좀 모으고 싶은 마음에서요."

진지하면서도 진심이 담긴 열정샘의 이야기에 두 어머니는 숙연한 표정으로 열정샘을 바라보았다.

"제가 어머니들을 모신 것은 두 아이의 잘잘못을 따지자는 것이 아니고 이 문제를 어떻게 해결하여야 우리 아이들이 더 착하게 바르게 성장할 수 있을지 함께 고민하고 싶어서입니다."

하고는 열정샘은 공감대화카드를 통해 소통하면 두 어머니의 마음을 더 잘 이해하고 공감할 수 있을 것 같다는 제안을 하였다. 두 어머니는 열정샘의 진심을 느끼고 제안을 받아들였다.

감정카드를 책상 한 가득 펼치고 두 어머니는 전화를 받고 학교에 오기까지의 복잡한 마음들을 카드로 표현하였다. 그중 가장 크게 느낀 핵심 감정 3가지.

학교폭력으로 학교생활기록부에 남거나 학교폭력 자치위원회에서 징계를 받게 될까봐 불안하고 걱정되며, 도대체 어떻게 가르쳐야지 우리 아이들이 문제를 안 일으키고 잘 성장할 수 있을지 그 방법을 몰라서 답답하다는 마음이었다. 두 어머니는 그동안 아이들이 학교에서 문제를 일으

켜 선생님께 전화를 받을 때마다 속상했던 마음들을 서로 이야기하고 공감하면서 표정이 편안해져 갔다.

"어머니들도 개구쟁이 녀석들 덕분에 맘고생이 많으셨네요. 힘드셨겠어요."

열정샘의 공감에 두 어머니는 쑥스럽게 웃으며

"그럼요 선생님. 저희들도 그동안 힘든 적 많았다고요. 저희들 마음도 좀 헤아려주세요."

그리고 열정샘은 바람카드를 펼치고 두 어머님의 바람도 같이 찾아보았다.

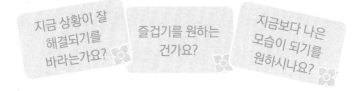

우선 지금 상황이 잘 해결되어서 학교폭력과 관련된 징계를 받지 않기를 바라고, 아이들이 즐거운 학교생활을 했으면 좋겠고, 궁극적으로는 학교생활을 통해서 올바르게 잘 성장해서 지금보다 나은 모습을 갖게 되는 것이라고 하였다.

"결국 어머니들께서도 저도 그리고 유한이 어머니께서도 모두 같은 마음이시네요. 우리 아이들이 학교생활 속에서 바르고 예쁘게 잘 자라기를 바라고 행복한 학교생활을 하기를 바라시고 계시네요. 결국 우리 모두가 바라는 것은 같았던 거예요."

얘들아, 마실 가자!

열정샘의 말에 두 어머니는 숙연해지며 깨달음을 얻은 듯 고개를 끄덕였다.

만남과 화합 그리고 성장

방과 후 상담실에서 강욱이와 창민이 그리고 어머니들과 열정샘이 함께 모였다. 그 동안의 속상하고 힘든 마음의 상처들을 서로 나눈 덕분에 어머니들의 표정은 편안해 보였다. 그러나 강욱이와 창민이 그리고 유한이는 긴장한 표정이 역력하였다. 자기들의 문제로 인해 어머니들이 서로 만나는 자리가 아이들에게는 사뭇 부담이 될 수밖에 없었다.

열정샘은 그날 강욱이와 창민이가 유한이에게 했던 말과 행동에 대한 가해와 피해 여부를 확인하였다. 그리고 아이들에게 어떻게 이 문제를 해결했으면 좋을지 의논해 보라는 숙제를 안겨주고 상담실 밖으로 나가게 하였다.

열정샘은 먼저 유한이 어머니에게 이 일로 인해 가졌던 마음의 상처들을 표현해 보게 하였다.

"저는 우리 유한이가 학교에서 친구들에게 따돌림을 당하고 맞고 올 때면 마음이 찢어지도록 아파요. 잘 적응을 못하고 학교를 안 가겠다고 우기면 화를 내었다가 달래다가 하면서도 저 녀석이 얼마나 힘들면 저렇게 떼를 쓸까 하는 마음에 안고 같이 많이 울었어요. 그리고 우리 아이를 힘들게 하는 아이들이 많이 원망스러웠어요."

유한이 어머니가 눈물을 글썽이며 하는 말에 강욱이 어머니와 창민이 어머니는 미안한 표정으로 유한이 어머니의 손을 잡았다.

"왜 마음이 안 아프셨겠어요? 정말 죄송해요. 우리 아이도 그렇게 나쁜 아이가 아닌데……. 장난이라고 하는 행동이 친구에게 어떤 상처를 주는지 잘 몰랐던 것 같아요."

"저도 창민이가 친구들과 싸우거나 맞고 오면 많이 속상했었는데, 유한이 어머니, 그동안 마음 고생이 많았겠어요. 그런데 학교에서 문제가 생기면 창민이를 문제아로 만들어 버리는 것 같아 저도 속상한 적이 많았어요."

어머니들은 그동안 아이들 때문에 속상하고 힘들었던 일들을 서로 나누고 위로하였다.

"창민이 어머니, 강욱이 어머니, 제가 바라는 것은 한 가지 뿐이예요. 우리 유한이가 학교에서 친구들과 잘 어울리고 행복하게 학교생활 하는 거예요. 어머님들이 강욱이와 창민이에게 이야기 좀 잘 해주세요. 우리 유한이랑 친하게 지내라고요."

유한이 어머니의 간절한 기도 같은 바람에 두 어머니는 유한이 어머니의 손을 덥석 잡으며

"저희들도 바라는 거예요. 우리 아이들이 즐겁게 학교생활 잘하고 바르게 잘 자라기를. 유한이 어머니, 우리 다 같이 노력해 봐요."

어머니들의 따뜻한 화해의 분위기에 열정샘은 가슴이 뭉클하였다.

"이렇게 어머니들이 만나서 이야기를 해 보시니 어떤지 궁금하네요?"

"막연하게 유한이 어머니 마음을 이해하고 있다고 생각했는데, 막상 앞에서 직접 들으니 그 아픈 마음이 더 잘 느껴지고 같이 아프네요."

창민이 어머니의 말에 유한이 어머니는 눈물을 글썽이며

"창민이 어머니, 고마워요. 같이 아이들 키우는 입장에서 서로 이야기를 하다 보니 강욱이나 창민이 어머니 마음도 나랑 비슷한 마음이구나, 하는 생각이 들어 마음이 놓여요. 우리 유한이도 이제는 즐겁게 학교 다닐 수 있겠구나 하는 희망도 생기구요."

"어머니들께서 서로 마음을 이해해주시고 우리 아이들이 함께 성장할 수 있는 따뜻한 기운으로 마음을 모아주시니 너무 감사드려요. 저도 우리 아이들이 잘 자랄 수 있도록 최선을 다하겠습니다."

열정샘의 힘찬 다짐에 어머니들은 열정샘의 손을 같이 잡고 힘을 주며 마음을 하나로 모았다.

상담실에 따뜻한 화해의 물결이 한바탕 지나간 후 열정샘은 아이들을 불렀다.

유한이와 강욱이 그리고 창민이는 무슨 이야기들이 오고 갔는지 표정이 밝았다.

"너희들은 이 문제를 어떻게 해결하기로 의논했어?"

"저랑 창민이가 유한이에게 사과했어요. 그리고 앞으로는 괴롭히지 않을 거예요."

"괴롭히지 않는다는 것은 어떤 것을 말하는 걸까? 싫다고 말할 때는 그 행동을 하지 않겠다는 말이니?"

"네, 싫어하는 행동은 하지 않을 거예요."

강욱이의 말에 창민이가 얼른 받으며

"선생님, 우리 앞으로 유한이랑 사이좋게 지내기로 했어요. 같이 축구도 하고 놀기도 하고요."

열정샘은 유한이를 바라보았다. 유한이는 수줍게 웃으며 고개를 끄덕였다.

"강욱이와 창민이가 미안하다고 사과했어요. 그리고 앞으로 같이 잘 놀아보자고 이야기했어요."

아이들의 말에 어머니들은 박수를 치며

"잘했어, 잘했어. 너희들 이제 서로 사이좋게 지내라. 우리 엄마들도 앞으로 같이 이야기도 하고 차도 마시고 하며 서로 잘 지내기로 했으니까."

"창민이 너 이제 유한이 힘들게 하면 안 된다. 알지?"

"강욱이 너도 유한이랑 사이좋게 잘 지내는 거야?"

어머니들끼리 서로의 입장을 이해하고 소통하는 따뜻한 분위기를 보여준다는 것은 아이들에게 서로 다른 친구들과 어떻게 소통하고 이해하는지를 몸으로 느끼게 하는 시간이 되는 것 같다. 즉 어머니들끼리 서로 좋은 관계로 지속적인 만남이 이루어지면 아이들의 관계도 더욱 가까워지고 잘 어울리게 되는 것이다.

얘들아, 마실 가자!

열정샘은 마지막으로 어머니들에게 당부의 말을 남겼다.

"어머니들의 이해와 배려 덕분에 아이들이 한 걸음 더 성장할 기회가 된 것 같아 기쁘고 감사드립니다. 그러나 이것은 끝이 아니고 시작입니다. 앞으로 어머니들께서 이 아이들이 더 바르게 성장할 수 있도록 아이들과 많이 소통해주세요. 또한 담임인 저하고도 사소한 일이든 큰일이든, 일이 생길 때마다 같이 고민하고 의논하는 교육공동체로 여겨주시고 자주 상담해주시기 바라요. 어머니와 저, 그리고 아이들이 같은 마음으로 서로 소통되어질 때 우리 아이들이 더 잘 성장할 수 있으리라 믿습니다. 부탁드립니다."

말을 끝맺으며 정중히 고개 숙여 인사하는 열정샘을 본 어머니들은 신뢰의 눈빛을 보내며 서로 인사를 나누었다. 이 모습을 본 아이들은 마냥 신기한 듯이 배시시 웃고 있었다. 그러나 아이들도 느꼈다. 상담실에서 흐르는 따뜻하고 편안한 희망의 온기를.

10. 나를 찾아 떠나는 여행 - 개인상담

"선생님. 강욱이가 제 필통 가져가서 안 줘요."

"강욱이가 발로 차고 때려요."

"강욱이가 욕했어요."

어머니들과의 상담으로 아이들 사이에 있었던 문제가 잘 해결된 것이 다행스러웠다. 하지만 친구들을 괴롭히는 강욱이의 행동은 나아지는 것 같지 않았다. 유한이와는 잘 지냈지만 다른 친구들과는 사소한 문제가 자주 발생하였다.

'강욱이는 왜 문제행동이 반복되는 것일까? 강욱이만 없다면 다른 아이들에게도 관심을 더 줄 수 있고 수업하는 것에도 더 집중할 수 있을 것 같은데.'

열정샘은 계속해서 반복되는 강욱이의 문제행동을 보면 너무 머리가 아프고 힘들었다.

열정샘은 어떤 방식으로든 강욱이와 개인적으로 만나 상담을 해 보아야겠다는 결심을 하였다. 하지만 어떻게 접근하고 제안해야 할지 곤란한 마음이 앞섰다. 강욱이를 바라보는 자신의 감정이 어떤 것인지 스스로에게 설명하기 힘들었고, 선생님으로서 바라는 진짜 바람이 무엇인지에 대해서도 혼란스러웠기 때문이다. 이런 마음으로 강욱이와 이야기한다면 그를 혼내고 다그칠 수밖에는 없을 것만 같았다.

'아무래도 강욱이와 상담하기 전에 나 스스로 내 감정과 바람을 찾아보아야 할 것 같아. 이 불편하게만 느껴지는 감정들이 왜 생겨났는지도 답답하고. 내가 상담을 통해서 이루고자 하는 것은 대체 무엇일까?'

[선생님 마음 알아차리기]

방과 후, 열정샘은 상담실로 자리를 옮겨 자신의 감정과 바람을 찾아보

애들아, 마실 가자!

기 시작했다. 감정카드들을 한 장, 두 장 넘겨가며 마음에 와 닿는 카드들을 골라 앞에 펼쳐보고 난 후, 가장 마음에 가까운 감정들을 찾아본다.

'강욱이의 반복되는 문제행동이 나를 너무 힘들게 해. 한편으로는 강욱이가 큰 문제없이 잘 자라나갈 수 있을지 걱정되기도 해. 또, 강욱이의 문제행동을 고치기 위해 상담을 어떻게 풀어나가야 할지 너무 막막해.'

강욱이를 바라보는 마음을 정리한 열정샘의 손은 이어서 바람카드로 향했다. 감정카드와 마찬가지로 바람카드들을 한 장, 두 장 넘겨가며 가장 바라는 카드들을 골라 앞에 펼쳐본 후, 열정샘이 바라는 교실의 모습을 떠올리며 바람카드를 천천히 골라본다.

'내가 바라는 것은, 강욱이가 친구들과 잘 어울렸으면 좋겠어. 그러면 우리 반 모두가 서로 행복하게 지낼 수 있을 것 같아. 그러기 위해서는 강욱이가 어떤 마음을 가지고 그렇게 행동하는지 명확히 알았으면 좋겠고 어떻게든 도움이 되고 싶어.'

한참을 고민하던 열정샘은 이런 자신의 마음과 바람을 강욱이에게 전하면 좋을 것 같다는 생각이 들었다. 그래서 상담하면서 강욱이에게 전했으면 하는 말을 만들어 수첩에 적었다.

강욱아, 요즘 친구들과 문제가 생겨 선생님께 자주 혼이 나서 많이 속상했지?
선생님은 강욱이가 앞으로 큰 문제없이 잘 자랄 수 있을지 걱정이 돼.
친구들과 잘 어울리고 좀 더 성장하는 강욱이를 위해 선생님이 도움이 되고 싶어.

강욱이와 상담할 때 이 말을 꼭 전달하고자 열정샘은 수첩에 적은 말을 읽고 또 읽으며 가슴속에 새겨 두었다. 이상한 건 읽으면 읽을수록 강욱이에게 도움이 되고 싶은 마음이 커져 갔다.

다음날 아침, 열정샘은 의자에 앉아 멍하니 창밖을 바라보고 있는 강욱이에게 다가갔다.

"강욱아, 선생님이 너하고 잠깐 이야기 좀 했으면 하는데?"

"네? 왜요?"

강욱이의 얼굴은 잘못한 것도 없는데 왜 그러냐는 듯 의아한 표정이었다.

"음…… 네가 잘못해서 그런 건 아니니 너무 걱정하지 말고, 오늘 수업 마치고 교실에서 이야기했으면 하는데. 괜찮겠니?"

"네, 괜찮아요."

"그래. 그럼 방과 후에 교실에 남아줘."

"네."

방과 후, 열정샘은 학생용 책상 두 개를 붙여 강욱이와 마주보게 앉았다. 그리고 수첩에 적은 자신의 마음과 바람이 담긴 말을 강욱이에게 전했다.

"강욱아 요즘 친구들과 문제가 생겨 선생님께 자주 혼이 나서 많이 속상했지?"

"네? 아니에요."

"그렇지 않았다면 선생님 마음을 헤아려준 것 같아 고맙구나. 강욱이가 친구들하고 사이좋게 잘 지냈으면 좋겠는데 친구들과 부딪히는 강욱이의 모습을 보면 안타까웠단다. 강욱이도 친구들과 친하게 잘 지내면서 즐겁게 생활하고 싶을텐데……. 혼자서 잘 이겨나갈 수 있을까 걱정이 돼. 선생님은 강욱이가 친구들과 잘 어울리고 잘 자라는데 도움이 되었으면 좋겠어."

강욱이는 이렇게 말하는 열정샘을 보며 움직인 듯 아닌 듯 미세하게 고개를 끄덕이고 목소리는 내는 듯 안 내는 듯 '네' 라는 입모양을 만들었다.

"선생님이 강욱이를 어떻게 도움을 줄 수 있을지 상담하는 거니까 이야기 시작해 볼까?"

"네."

[강욱이 마음 알아차리기]

열정샘은 책상 위에 감정카드를 펼쳐 놓았다.

"강욱아, 친구들이 요즘 네 이야기를 자주하는 것 같아. 너 때문에 힘들다는 친구도 있는데 넌 학교생활이 어떤지 이야기 해 보겠니?"

"요즘에는 학교 오는 것도 별로 재미없고 친구들과 장난치려고 하면 저한테 자꾸 짜증만 내요. 나 말고 다른 아이들도 똑같은 장난치는데 저한테만 짜증내는 것 같아요."

강욱이는 학교생활에 큰 재미를 느끼지 못하고 있었고 자기는 친구들과 장난치며 놀려고 하는데 자신한테만 짜증내고 친구들이 자기만 싫어하는 것 같다는 이야기를 하였다.

열정샘은 책상 앞에 놓인 감정카드 중 '원망스럽다'카드를 강욱이에게 건네주며 이야기를 시작하였다.

"너는 장난치면서 같이 놀자는 표현을 하고 싶었는데 너에게 짜증만 내는 친구들이 많이 원망스러웠겠다."

"네. 저는 그냥 재미있게 놀려고 한 것뿐인데 친구들이 자꾸 짜증만 내요."

"강욱아, 요즘 네 마음이 어떤지 선생님과 함께 카드로 이야기 해 봤으면 좋겠어. 카드를 한 장씩 고르며 이야기하고 고른 카드는 네 앞에 두면 된단다."

"네. 요즘 학교 오면 너무 재미없고 심심해요."

얘들아, 마실 가자!

"그래. 강욱이가 요즘 학교에서 심심했구나. 친구들이 너를 싫어하는 것 같이 느껴져 그 친구들이 많이 미웠겠다."

열정샘과 강욱이는 카드를 한 장씩 고르며 강욱이의 마음이 어땠는지 번갈아가며 말을 주고 받았다. 어느새 강욱이 앞에는 많은 카드들이 놓여져 있었다.

"앞에 놓인 카드들 중에서 강욱이 마음에 가장 와닿는 카드를 두 세장 골라볼까?"

평소 놀이와 모둠상담을 통해 친숙해진 감정카드여서 그런지 강욱이는 자신의 마음을 거침없이 선택했다.

"다른 친구들도 나와 똑같은 장난을 치곤하는데 자꾸 나한테만 화내고 짜증내서 억울해요. 그리고 내가 잘못했다고 선생님께 일러바치는 친구들이 원망스러워요. 그래도 친구들한테 장난을 심하게 친 것 같아 미안한 마음도 들어요."

"다른 친구도 똑같이 장난을 했는데 너한테만 화를 내고 선생님께 이야기하는 친구들이 원망스럽고 억울한 마음이 들었겠다. 그리고 강욱이가 친구들에게 미안한 마음도 들었구나."

열정샘이 강욱이의 마음을 공감해준 덕분일까? 강욱이는 그의 표면적 감정에 감춰진 '미안하다'라는 내면 깊은 곳의 감정을 찾아낼 수 있었다.

"앞으로 우리 교실에서 강욱이는 어떤 모습이고 싶어? 강욱이가 정말 바라는 것이 어떤 것인지 생각해볼까?"

자신의 바람을 쉽게 말하지 못하는 강욱이에게 열정샘은 바람카드를 꺼내 펼쳐보였고 강욱이는 천천히 자신이 바라는 모습들을 하나하나 퍼즐 맞추어나가듯이 짚어가며 말을 잇기 시작했다.

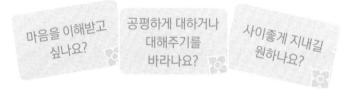

"내가 하는 장난이 함께 놀고 싶어서 한다는 것을 친구들이 이해해줬으면 좋겠어요. 저만 이런 장난하는 것 아닌데……. 저도 다른 친구들과 같이 공평하게 대해주었으면 좋겠어요. 그리고 우리 반 친구들하고 사이 좋게 잘 지냈으면 좋겠어요."

"함께 놀고 싶다는 강욱이의 마음을 친구들이 알아주고 자신을 다른 친구들과 같이 공평하게 대해주면서 서로 사이좋게 지내고 싶다는 말이구나."

"네. 그래요."

강욱이와의 상담은 시작한 지 50분이 훌쩍 지났다. 강욱이는 시계를 빈번히 쳐다보고 몸은 가만히 있지 못하고 움직이기 시작하는 등 초조한 모습이 비춰졌다. 이에 열정샘은 오늘 상담을 마무리하고자 개인상담일

애들아, 마실 가자!

지를 꺼내 강욱이에게 내밀었다.

"강욱아, 오늘 강욱이 마음과 바람이 무엇인지 알게 되었어. 여기 상담일지에 네가 선택한 마음과 바람을 적어볼까?"

강욱이는 자신이 고른 감정카드와 바람카드를 상담일지에 손쉽게 옮겨 적었다.

"오늘 상담은 여기까지 했으면 좋겠고 다음에도 시간 정해서 이야기해봤으면 좋겠는데. 강욱이 언제 시간이 괜찮겠어?"

"어. 잘 모르겠어요."

강욱이는 방과 후에 다시 남는 것이 부담스러웠다.

"강욱아 학교 마치고 남는 것이 부담스럽겠지만 선생님이 강욱이 돕고 싶어 그러니 함께 상담했으면 좋겠는데. 내일 학교 마치고 시간 괜찮겠니?"

"네. 내일은 별일 없어요."

강욱이는 방과 후에 남는 것이 싫었지만 자신을 돕고 싶다는 선생님의 마음에 내일 상담을 해야겠다고 생각하게 되었다.

다음날, 열정샘은 강욱이가 어떻게 지내는지 유심히 살펴보았다. 내심 큰 기대는 하지 않았지만 상담 후 강욱이가 조금의 변화라도 있었으면 좋겠다고 생각했다. 강욱이가 바뀐 것은 한 번씩 열정샘의 눈치를 보는 것일 뿐, 친구들이 싫어하는 장난을 치는 등의 행동은 그대로였다.

방과 후, 열정샘은 어제 강욱이가 자신의 마음과 바람을 적은 개인상담일지를 강욱이에게 주었다. 그리고 강욱이가 직접 써 놓은 바람을 보며 이야기하였다.

"강욱이가 바라는 것은 친구들과 사이좋게 지내는 것이라고 했는데, 평소에 네가 친구들과 친하게 지내기 위해서 어떤 행동들을 했는지 말할 수 있겠니?."

잠시 머뭇거리던 강욱이는 조심스럽게 이야기를 꺼냈다.

"친구들 물건 가지고 도망가면 나를 잡으러 오는 것이 재미있었어요. 그리고 가끔 친구 한 대 때리고 도망가기도 했어요. 한 번씩 남자애들과 레슬링할 때는 목을 조르거나 팔을 꺾었던 것 같아요. 근데 이건 다 장난이었어요."

열정샘은 강욱이가 했던 행동을 상담일지에 직접 적게 하였다. 그리고 그 행동의 결과가 자신의 바람을 이루는데 도움이 되었는지 스스로 알아차릴 수 있도록 가지치기활동을 해나갔다.

"강욱아 네가 한 행동들 중에 가장 많이 한 행동은 무엇인 것 같니?"

"친구 한 대 때리고 도망가는 것을 가장 많이 한 것 같아요."

"때리고 도망가면 어떤 결과가 일어났니?"

강욱이는 원인과 결과의 형태로 상담일지를 써 내려갔다.

자주 선택하는 행동은?	친구들이 나와 놀아주지 않는다.
친구 한 대 때리고 도망간다.	외톨이가 되고 학교오기 싫어진다.
친구가 따라와 나를 때린다.	학교를 그만 둔다.
나는 기분 나빠 친구에게 욕한다.	노숙자가 된다.
친구가 나를 싫어하고 선생님께 말한다.	원하는 걸 얻으셨나요?

"친구와 함께 놀고 싶어 한 대 때리고 도망을 가게 되면 결국은 노숙자가 될 것 같았구나. 선생님이 보기에 강욱이가 바라는 모습은 이게 아닐 것 같은데 말야. 이때까지 해 온 행동이 강욱이의 바람을 이루는 데 도움이 되는 행동이었을까?"

강욱이는 자신이 써 내려간 글이 실제로 일어나기라도 한 것처럼, 망연자실한 표정으로 고개를 들지 못했다.

"선생님, 이렇게 되고 싶진 않아요. 하지만 친구들이 저를 싫어하고 같이 놀아주지 않아서 어떻게 해야 할지 모르겠어요."

"글쎄, 어떻게 해야 할까? 만약 미래의 노숙자가 되어버린 강욱이가 타임머신을 타고 지금으로 다시 돌아와서 다른 행동을 선택할 수 있다면 어떻게 될까? 네가 원하는 것을 얻을 수 있도록 다른 행동을 선택한다면 어떻게 할 수 있을까?"

"내일부터 친구들 안 때리고 심한 장난도 줄이면 될 것 같아요."

열정샘은 강욱이의 대답이 반가웠지만 강욱이가 자신의 행동을 이렇게 쉽게 바꾼다는 것은 불가능에 가깝다고 생각했다. 그래서 강욱이의 새로운 행동이 좀 더 구체적이고 강욱이가 쉽게 실천할 수 있는 것으로 정하는게 좋을 것 같았다.

"강욱아, 친구들과 장난을 안 친다고 했는데 그럼 친구들과 친하게 지내기 위해서 네가 할 수 있는 것은 무엇이 있을까?

강욱이는 오랫동안 생각했지만 자신이 어떻게 해야 할지 떠오르지 않았다.

"선생님, 잘 모르겠어요."

"그래, 친구들에게 무엇을 해야 할지 잘 떠오르지 않아 답답할 것 같아. 선생님은 강욱이가 무엇을 하지 않는다는 것 보다는 지금 당장이라도 쉽게 할 수 있는 것을 선택하면 좋겠어. 예를 들면 별명 말고 친구이름을 불러주는 것 같은 거 말이야."

"선생님, 친구들이랑 놀고 싶을 때 때리고 도망가는 것 말고, 같이 놀자라고 말로 이야기하면 좋을 것 같아요."

"그렇게 말로 하는 것은 쉽게 할 수 있겠어?"

"네. 할 수 있을 것 같아요. 그런데 친구들이 무시하거나 놀기 싫다고 할까봐 조금 걱정이 되요."

"같이 놀지 않는다고 할까봐 걱정스럽고 그래서 말하기 망설여지겠다. 하지만 지금 강욱이가 목표로 두어야 할 것은 친구들에게 함께 놀기를 허락받는 것이 아니라 '놀자'라고 말하는 것까지로 했으면 좋겠어. 강욱이의 변화된 모습에 친구들이 언젠가는 네 마음을 알아주지 않을까?"

열정샘은 상담일지의 '새로운 계획세우기 가지치기 활동'을 강욱이에게 직접 써내려가도록 하였다.

다른 행동을 선택한다면?	친구들이 나를 싫어하지 않는다.
친구에게 같이 놀자 라고 말한다.	친한 친구가 많아진다.
친구가 나를 이상하게 보고 거절한다.	학교가 즐거워지고 공부를 열심히 한다.
다른 친구에게 놀자 라고 말한다.	어른이 되어 성공한 사람이 된다.
친구와 같이 논다.	원하는 걸 얻으셨나요?

강욱이가 새로 선택한 행동과 결과를 지켜보던 열정샘은 부드러운 미소로 말을 건넸다.

"새로운 행동을 선택한 결과, 강욱이가 바라는 것을 얻었니?"

"네. 그런 것 같아요."

열정샘은 강욱이와 함께 선택한 행동에 대한 구체적인 계획을 세웠다. 그리고 상담일지에 강욱이가 직접 쓰도록 하였다.

〈새로 선택한 행동의 구체적인 계획〉

-언 제 : 매일 점심시간

-어디서 : 교실이나 운동장에서

-어떻게 : 함께 놀고 싶은 친구에게 다가가 '같이 놀자' 라고 말하기

　이튿날 점심시간, 평소보다 점심을 일찍 먹고 올라온 열정샘은 강욱이가 스스로 정한 약속을 잘 지킬 수 있을지 궁금하였다. 열정샘은 막 복도 청소를 마친 강욱이를 무심한 듯 지켜본다. 잠시 열정샘과 눈이 마주친 강욱이는 조금 당황한 표정이었지만, 이내 굳은 결심을 한 듯 대한이를 바라본다. 잠시 후, 청소를 끝낸 대한이를 향해 강욱이는 용기를 내어 다가간다.

　"대한아, 나하고 술래잡기 할래?"

　흐뭇한 표정으로 바라보던 열정샘은 강욱이에게 엄지손가락을 내보이며 미소를 보낸다. 이내 시침을 뚝 떼며 교실 안 다른 아이들을 또다시 찬찬히 살펴본다. 바람을 찾지 못하는 다른 마실 속 아이들이 있는지……

교실은 열정샘의 열정과 함께 나누는 아이들의 마음으로 따스함이 전해진다.

나를 찾아 떠나는 여행 - 개인상담

기대효과 ■ 교사 스스로 자신의 감정과 바람을 정리해 봄으로써 내담자에 대한

자신의 마음가짐과 상담에 어떻게 임해야 할지 생각해 볼 수 있다.

■ 문제행동을 보이는 학생, 혹은 학부모가 스스로 문제를 찾고 대안행

동을 찾도록 조력할 수 있다.

준 비 물 ■ 공감대화카드, 개인상담일지, 필기구

과 정 ■ **선생님 마음 알아차리기**

· 상담 실시 전 내담자를 생각하며 감정카드를 한 장씩 넘기거나 모

두 펼쳐서 자신의 마음에 와 닿는 카드들을 고른다.

· 고른 카드들 중에 자신의 마음과 가장 가까운 카드를 두 세장 찾아

본다.

· 찾은 두 세장의 카드를 보며 고른 이유를 생각하며 자신의 마음을

정리한다.

· 감정 찾기와 같은 방법으로 바람카드로 자기가 바라는 것을 찾아

보고 두 세장의 카드를 보며 자신의 바람을 정리한다.

· 내담자에게 하고 싶은 말을 고른 감정카드와 바람카드를 보며 정

리한다. 정리하는 말은 '(내담자 공감)+(감정)+(바람)+(○○에게

도움이 되고 싶다)'로 한다.

예) 강욱아 선생님께 자주 혼이 나서 속상했지?(공감) 선생님은

강욱이가 잘 생활할지 걱정돼(감정). 친구들과 잘 어울리고 성

장하는 강욱이를 위해(바람) 선생님이 도움이 되고 싶어.

- **○○이 마음 알아차리기**
  - 감정카드를 책상 위에 펼치고 내담자의 고민이나 학교생활에 대해 이야기하게 한다.
  - 한 사람씩 돌아가면서 내담자는 자신의 마음을 카드에서 고르며 이야기하고 교사는 카드를 전해주며 내담자를 공감해준다.
  - 내담자는 자신이 고른 카드와 받은 카드를 한눈에 볼 수 있게 자신의 앞에 펼쳐 놓는다.
  - 내담자는 자신의 앞에 있는 카드 중 세 장을 골라 그 감정을 고른 이유에 대해 설명한다.
  - 바람카드를 펼치고 교사와 내담자가 한 사람씩 돌아가면서 내담자가 바라는 점을 카드로 찾아준다.
  - 내담자는 자신의 앞에 있는 카드 중 세 장을 골라 자신의 바람에 대해 구체적으로 이야기한다.
  - 내담자는 고른 감정카드와 바람카드를 보며 자신의 마음과 바람을 상담일지에 스스로 기록하게 한다.

- **이전 행동의 결과 알아차리기**
  - 내담자 자신의 바람을 이루기 위해 평소에 자주했던 행동들을 상담일지에 적게 한다.
  - 평소에 한 행동들 중 가장 많이 한 행동을 선택하고 그 행동이 원인이 되어 어떤 결과를 얻게 되는지 상담일지의 가지치기 활동을 한다.
  - 가지치기 활동의 결과, 내담자가 평소에 한 행동으로 자신의 바람을 이룰 수 있었는지 확인한다.

■ 새로운 행동 찾아보기

· 내담자의 바람을 이루기 위해 할 수 있는 새로운 행동을 찾아보도록 한다.

· 새로운 행동을 정하는 방법

– 부정적이지 않고 긍정적인 것

예) 친구 별명 부르지 않기(X)

친구 부를 때 이름 부르기(O)

– 구체적이고 내담자가 쉽게 할 수 있는 것

예) 친구와 사이좋게 지내기(X)

매일 친구 세 명에게 인사 건네기(O)

– 상황에 대한 조건이 붙지 않는 것

예) 친구가 화나게 하면 자리 피하기(X)

친구가 나를 때리면 선생님께 도움 요청하기(X)

· 새로운 행동이 원인이 되어 어떤 결과를 얻을지 가지치기 활동을 한다.

· 가지치기 활동의 결과, 새로운 행동이 자신의 바람을 이루게 하는지 확인한다.

■ 구체적인 계획세우기

· 언제 실천할 수 있는지 이야기 해 보게 한다.

· 일주일에 몇 번씩, 얼마 동안, 어디에서 할 계획인지 구체적인 계획을 세운다.

· 필요한 경우 다음 상담일정을 정한다.

■ '선생님 마음 알아차리기'는 혼자해도 되지만 동료교사와 함께 모둠 상담 혹은 1:1 상담으로 진행하면 더욱 효과적이다.

■ 내담자에게 하고 싶은 말을 정리할 때 충고나 조언은 잘 받아들여지지 않을 수 있다. 그리고 교사의 감정과 바람을 그대로 표현한다면 내담자의 저항이 클 수 있다. 따라서 내담자의 공감을 넣고 감정과 바람을 적절히 표현하는 것이 상담에 보다 효과적일 수 있다.

■ 가지치기를 어려워하는 학생에게는 교사의 적절한 발문이 도움 될 수 있다. 하지만 그 발문이 교사가 미리 정한 방향으로 유도되어서는 안 된다.

■ 구체적인 계획에 대한 내담자의 실천은 교사의 칭찬으로 이어질 수 있다.

■ 내담자의 새로운 행동은 시도 그 자체가 목표이다. 시도한 상대방의 긍정적인 반응을 목표로 정하지 않는다.

■ 내담자 스스로 작성한 상담일지는 교사가 다시 상담내용을 정리할 필요 없이 부족한 부분을 보충하여 상담자료로 활용이 가능하다.

얘들아, 마실 가자!

마실

얘들아, 마실 가자!
나를 찾아 떠나는 여행

교사용

내가 바라는 것을 얻기 위해 선택한 행동은?

· ○○이가 어떤 고민이 있는지 이야기 해 볼까?

· ○○아 (○○을 공감하는 말)했지? (교사에게 걸림돌이 되는)행동으로 인해 (감정카드에서 찾은)마음이 이렇단다. 선생님이 바라는 건 (바람카드에서 찾은) 이런 것이란다. 선생님은 너에게 도움이 되고 싶은데 이야기 나눴으면 좋겠어.

내 마음은……

· 지금 마음이 어떤지 감정카드에서 찾아서 이야기해보자.

내 바람은……

· ○○이가 바라는 것을 바람카드에서 찾아보자.

· 고른 카드 중에서 제일 바라는 것을 고르면 무엇일까?

내가 주로 선택한 행동은?

· 이런 갈등이 생길 때 ○○이는 어떤 행동을 주로 선택했는지 이야기 해 보자.

· 이런 갈등을 잘 해결했을 때는 어떻게 했는지 이야기 해 보자.

위에서 말한 행동들 중에서

주로 어떤 행동을 하는지 찾아보자.

이 행동이 정말 ○○이가 바라는 것을

얻는데 도움이 되었니?

이런 행동을 계속한다면

네가 바라는 것을 얻을 수 있을까?

진정 ○○이가 바라는 것을 얻기 위해	
다른 행동을 선택할 수 있다면	
어떻게 할 수 있을까?	
돌이킬 수 있다면 어떻게 해 보고 싶니?	
○○이가 바라는 대로 다 이루어졌을 때	
○○이는 어떻게 하고 있을까?	
	원하는 걸 얻으셨나요?

실천하기 위한 구체적인 계획

· 언제 실천할건지 이야기 해 보자.
· 일주일에 몇 번씩, 얼마 동안, 어디에서 할 계획인지 구체적으로 이야기 해 보자.

나를 찾아 떠나는 여행을 마치면서

· 이런 상황(○○이가 말한 구체적 상황) 속에서도 새로운 시도를 해보려는 ○○이가 자랑스럽구나.
· 진지하게 자기에 대해서 생각하는 널 보니 기쁘구나.
· 다시 만나서 계획이 어떻게 실천되고 있는지 이야기하고 싶은데 언제가 좋을까?

애들아, 마실 가자!

〈개인상담일지-학생용〉

마실

얘들아, 마실 가자!
나를 찾아 떠나는 여행

날짜: 201 ． ． ．

이름:

고민을 이야기 해 봅시다.

．

내 마음은……

．

．

．

내 바람은……

．

．

내가 주로 선택한 행동은?

．

．

원하는 걸 얻으셨나요?

또 다른 행동을 선택한다면?

원하는 걸 얻으셨나요?

실천하기 위한 구체적인 계획

· 언제

· 어디서

· 어떻게

나를 찾아 떠나는 여행을 마치면서

얘들아, 마실 가자!

11. 말하는 대로 - 바람카드놀이

"선생님, 카드 좀 빌려주세요!"

점심식사를 마치고 들어오기가 무섭게 하나가 불쑥 던지는 말이다.

공감대화카드 활동에 이제 재미를 붙였는지, 요즘은 알아서 카드를 펼쳐놓고 그럴싸한 표정으로 집중하는 모습이 자주 보인다. 특히 하나는 사회자 역할을 제법 능숙하게 해내고, 말수는 적지만 꼬박꼬박 동참하는 다정이도 공감활동에 나름의 의미를 느끼고 있는 것 같다. 처음 활동을 할 때는 소극적이었던 가은이와 이슬이도 아이들끼리 셀프 공감을 할 때면 주위에 서서 관심 있게 쳐다보는 걸 보니, 애들도 슬슬 공감대화의 세계로 빠져들고 있나보다. 열정샘은 이렇게 좋은 반응을 보니 뿌듯했고, 또 한편으로는 상담할 때 매번 선생님을 찾지 않고 아이들 스스로 해결할 수 있어 몸과 마음에 여유도 생기는 걸 느낄 수 있었다.

'손 안 대고 코 푼다는 게 바로 요런 거지! 으하하!'

또 한 번 공감대화카드의 힘을 실감하면서, 열정샘은 다음 미술시간에 통합하여 다룰 프로그램에도 자신감과 확신을 가지고 열심히 해 보아야 겠다는 다짐을 했다.

"오늘은 내가 이루고 싶은 바람을 떠올려보고, 바람마술카드를 한 번 만들어 볼 거예요. 먼저 모둠에서 바람카드를 쭉 펼친 후에, 내가 이루고 싶은 바람이 담긴 카드를 다섯 개까지 골라봅시다."

열정샘의 이야기가 끝나자마자 성격이 급한 남자 아이들은 벌써부터 같은 카드를 잡고 서로 자기가 갖겠다고 실랑이를 벌인다. 열정샘은 모둠 번호 순서대로 돌아가며 하는 활동이라고 서둘러 설명하고는 말을 이어갔다.

"자기가 뽑은 바람에 순위를 매기고 모둠 원들에게 이야기 나누어주면 됩니다. 준비됐으면 바로 시작할까요?"

저마다 신나게 카드를 고르는 아이들 속에서 열정샘은 유한이가 고른 카드들을 제일 먼저 확인하러 간다. 유한이는 한참동안 바람카드를 들여다보다 다섯 개를 골랐다.

카드를 고르고 나서 말할 내용을 생각하며 우물쭈물거리고 있는 유한이를 도와주고 싶었지만, 열정샘이 나서기 전에 희망이가 선수를 쳤다.

"유한아, 그럼 이 중에서 네가 제일 바라는 거 한 장만 얘기해 봐."

그러자 유한이는 바람카드 한 장을 뽑아내며, 작지만 또박또박한 목소리로 얘기했다. 이전보다 참을성 있게 주의를 기울여주는 모둠 아이들.

"친구들이랑 즐거운 것, 재미있는 일을 함께 나누고 싶어."

바람카드를 뽑는 활동이 일단락되자, 열정샘은 다음 순서를 진행했다.

"자, 그럼 이제 모두 눈을 감아 봅시다. 아까 내가 뽑았던 바람카드를 떠올려 보고, 그 바람이 이루어진 상황을 구체적으로 상상해 보세요."

"캐릭터 만렙 찍는 거요!"

"큭큭큭"

"오, 만렙이라……. 대한이는 캐릭터를 만렙으로 만들어서 주변 사람들에게 자랑하고 싶은 바람이 있나보구나?"

"폼 나잖아요~."

"얘는 아까 '멋있게 보이고 싶다'는 바람카드를 뽑았어요, 선생님."

"그래. 만렙을 만들었을 때 대한이가 인정받아서 좋은 그 상황, 그런 걸 바람으로 한 번 생각해보는 거야. 할 수 있겠지?"

"네."

아이들의 생각은 기상천외한 이야기까지 번져갔지만, 그 가운데서 자기가 진정으로 바라는 것에 대해서 생각해 보자고 다독이니 이내 조금씩 진지해지기 시작했다.

"자, 이제 내가 원하는 바람이 무엇인지 정해졌나요? 어떤 기분이 드나요?"

"좋은 기분이요."

"뿌듯한 느낌이에요."

"왠지 마음이 편안해요."

"그럼 지금부터 내 바람이 이루어진 상황을 사진으로 남기듯이 딱 한 장면으로 만들어봅시다. 머릿속에 장면을 정했으면 눈을 떠도 돼요."

"선생님, 그럼 이제 어떻게 해요? 그림 그려요?"

"역시 사랑이 눈치가 빠르네. 방금 떠올린 그 장면을 바람마술카드에 그림으로 그려봅시다. 예쁘게 그리는 것 보다 장면이 자세히 드러나게 그리는게 중요해요."

"오예. 그럼 졸라맨도 그려도 돼요?"

"으이구! 조용히 하고 열심히 그려!"

예리가 장난기 많은 창민이를 나무라자, 아이들은 깔깔 웃으며 즐겁게 그림을 그려나갔다.

그림 그리는 시간이 마무리되고, 이제 아이들의 발표를 들어볼 차례가 됐다. 아이들은 때론 장난스럽게 표현하기도 했지만, 마음속에 품고 있는 자신의 바람에 대해서 아주 즐겁게 설명해냈다.

"저의 바람은 서로 잘 어울리는 것이고, 하나랑 사랑이랑 친하게 지내는 모습을 그렸어요."

다정이는 커다란 하트 속에 그린 하나와 사랑이와 함께 공기놀이를 하고 있는 모습을 자랑스럽게 펼쳐 보이며 설명하였다.

"다정이의 바람은 이미 이루어진 것 같기도 하네?"

"물론 지금도 친하긴 한데……. 세 명 중에 누구 한 명이 떨어져 나가거나 두 명이서 나머지 한 명을 뒷 담화하는 일 없이 쭉 우정이 영원했으면 해서요."

다정이는 어색하게 웃으며 자리에 앉았다. 흔들리는 눈빛을 감지한 열정샘은 친구들 사이에 고민이 생긴 것이 아닌가 걱정이 되어, 시간을 내어 한 번 대화해 보아야겠다는 생각을 하며 발표를 이어갔다.

"이제 대부분 발표한 것 같은데, 아직 발표를 못한 친구가 있나요?"

"선생님, 얘 아직 남았어요."

활동을 정리하려는 열정샘에게 이슬이가 같은 모둠의 유유를 가리키며 말하였다. 유유는 상기된 얼굴로 마지막 발표를 위해 자리에서 엉거주춤 일어섰다.

"그렇구나. 우리 마지막으로 유유의 바람카드를 살펴볼까요?"

유유의 바람마술카드에는 두 명의 여자 아이가 두 손을 꼭 잡고 미소 짓는 모습이 그려져 있었다.

"어라, 저 앞머리는 진이랑 완전 똑같아."

"저거 이빈이랑 진이 그린 것 아니야?"

유유의 그림을 보자 여자 아이 몇 명이 수군거리기 시작했다. 그림의 등장인물인 이빈이와 진이는 별로 관심이 없는 듯 그저 무표정하게 쳐다보고만 있었다. 유유는 긴장이 가득한 목소리로 자신의 바람을 설명하였다.

"저의 바람은 급식 시간이 끝나고 친구와 같이 손을 잡고 교실로 돌아가는 거예요."

"유유야, 이 그림의 주인공은 혹시 우리 반 친구들이니?"

"네. 늘 사이좋게 손잡고 다니면서 이것저것 이야기하거든요……"

"그렇구나. 손잡고 다니는 모습이 부러웠을 거라는 생각이 드는데?"

"아니요, 그것보다요…… 무슨 이야기하는지 궁금했어요. 그런데 물어본 적은 없고 뒤에서 보기만 했어요."

"에이~ 뭐야. 그런 건 당장 이룰 수 있는 바람이잖아!"

이감이가 조금은 시시하다는 듯이 말을 툭 던졌다. 그렇지만 그 말을 들은 몇몇 여자 아이들은 어쩐지 안타깝고 쓸쓸한 표정으로 변해가는 것 같아 보였다.

"음…… 이 바람카드를 보니 선생님은 유유가 그동안 쓸쓸하고 외로웠을 것 같다는 생각이 들어요. 이감이 말대로 유유의 바람은 오늘이라도 바로 이루어질 수 있을 것 같은데요? 정말 그렇게 되기를 선생님도 같이 바라요."

"오늘 바람마술카드를 만들어보니 어땠나요? 나의 바람이 이루어졌다고 상상하니 어떤 마음이 들었나요?"

"속 시원하고 진짜 그렇게 되었으면 좋겠어요."

"그래요. 오늘 내가 만든 바람카드의 모습을 잊지 말고, 앞으로 내 바람이 진짜 이뤄지도록 스스로 노력해 봅시다."

활동을 정리함과 동시에 아이들이 그토록 기다리던 4교시 마침종이 울려 왔다. 아이들은 늘 그렇듯 앞 다투어 손을 씻으며 오늘의 메뉴에 대한 정보를 나누느라 정신이 없다.

애들아, 마실 가자!

한편 바람마술카드 활동을 통하여 아이들이 자신이 바라는 것이 무엇인지를 찾은 만큼, 열정샘은 아이들의 속내와 지금 아이들이 겪고 있는 상황에 대해서 더욱 깊이 알게 된 것 같았다.

'겉으로는 마냥 그늘 없이 밝고 즐거워 보이는 아이들이지만, 드러내지 않는 고민과 좌절감들이 바람으로 나타나는 것 같았어. 앞으로 좀 더 아이들의 속내를 자세히 살펴보고 보듬어줄 수 있는 교사로 거듭나고 싶은데……'

활동을 통해 더욱 고민이 많아진 열정샘은 반 아이들이 모두 급식을 마칠 때까지 젓가락질하는 것도 잊고 생각에 빠져 있었다. 그때, 늘 혼자 교실로 돌아가던 유유의 모습이 열정샘의 눈에 들어왔다. 급식실을 지금 막 빠져나가고 있는 유유의 실루엣 너머로 다정이와 사랑이로 보이는 여학생들이 어슴푸레 보인다. 다정이와 사랑이는 유유의 손을 한쪽씩 잡고, 여느 때처럼 활기찬 웃음을 지으며 사라졌다. 순간 깜짝 놀라 한동안 급식실 입구를 바라보고만 있던 열정샘은, 바람마술카드가 불러 온 기적의 순간을 음미하며 늦은 점심식사를 시작했다.

바람을 이루어주는 마술카드놀이

기대효과　■ 자기가 바라는 것이 무엇인지, 어떤 성장 욕구를 가지고 있는지 정리

해 보고 다짐을 할 수 있다.

■ 친구들의 성장 욕구나 방향을 함께 나눔으로써 긍정적인 자기 성장

욕구를 일으키는 데 도움이 될 것이다.

준 비 물　■ 바람카드, 바람카드 만들 학습지, 채색도구

과　　정　■ **바람마술카드 만들기**

· 모둠을 만든다.

· 내가 이루고 싶은 바람이 담긴 카드 다섯 가지를 골라서 순위를 매

기고 서로 이야기 나눈다. 이때, 바람카드에 쓰인 문장을 그대로 읽

을 것이 아니라 어떤 상황과 연관되는지 좀 더 구체적으로 이야기

하도록 지도한다.

· 최종 우선순위의 바람을 고른 후, 그 바람이 이루어진 구체적인 상

황을 한 장면으로 떠올려본다.

· 내 바람이 이루어진 상황이 담긴 그림과 함께 바람마술카드를 만

든다.

· 모둠 친구들에게 내 바람마술카드를 소개한다.

· 나의 바람마술카드 뒷면에 내 바람이 이루어지기를 바라는 마음

을 적어본다.

■ 느낌 나누기

· 활동을 하면서 느낀 점, 알게 된 점 등에 대해서 이야기하고 서로에

대해서 피드백한다.

진　행
도 우 미

■ 모둠원들이 원하는 바람카드가 중복될 때는 발표 순서에 따라 그 카

드 한 장을 돌려쓰며 발표하도록 한다.

■ 그림을 잘 그리고 못 그리는 것은 중요한 것이 아니므로 어떤 형태의

그림도 다 허용되도록 한다.

■ 폭력적이거나 엉뚱한 방향의 바람을 제시하는 경우에는 교사가 그

바람을 재해석해주는 것도 필요하다고 본다.

12. 친구들이 다퉜어요 - 갈등중재상담(힘이 서로 비슷할 때)

"오늘 미술수업은 교실 밖에 나가서 풍경화를 그리기로 했죠? 밖으로 나가서 학교 주변의 풍경을 관찰하고 그림을 그려 보겠습니다."

월요일 5, 6교시 미술시간. 열정샘은 야외에서 그림을 그리도록 한 후, 아이들이 그림을 잘 그리고 있는지 둘러보았다.

아이들은 저마다 친한 친구끼리 삼삼오오 모여서 자리를 정하였다.

그림 그리기에 집중하기보다는 수다를 떠는 등의 모습이 눈에 많이 띄는 것을 보니 모두들 수업시간에 야외에 나와 수업을 하는 것이 무척 기분 좋아 보이는 듯하였다.

그러던 중, 열정샘은 수업을 시작한지 20분 정도가 지났음에도 다정이가 아직 자리도 잡지 못하고 혼자 이리저리 돌아다니는 모습을 보게 되었다.

"다정아, 시간이 많이 지났는데 아직 뭘 그려야 할지 못 정했나 보네?"

"어……. 무엇을 그려야 할지 몰라서요."

"그럼 저기 운동장 쪽 친구들이 모여 있는 곳에 가서 함께 그리는 것은 어때? 거기 가면 뭘 그려야 할지 도움을 받을 수도 있을 것 같은데."

"아니에요. 제가 알아서 할게요."

열정샘은 함께 등교도 하고 항상 어울려 다니는 친구들이 있는데 다정이의 이런 모습을 보니 조금 의아한 생각이 들었다.

5교시 수업이 끝나고 6교시가 시작되었다.

아이들은 여전히 모여 앉아 그림을 그리고 있었고 모두들 그림 그리기에 집중하였다. 하지만 다정이는 학교 건물 뒤편에 홀로 앉아 그림을 제대로 그리지 못하고 있었다.

"다정아, 너 요즘 무슨 일 있니? 오늘은 항상 같이 다니던 사랑이랑 하나와 그림도 함께 안 그리는 것 같고."

"선생님······."

다정이는 열정샘에게 무슨 말을 하려고 했으나 망설이는 모습이었다.

"무슨 일인지 선생님에게 말해 보렴. 선생님이 다정이를 도울 수 있으면 도움이 되었으면 좋겠는데."

다정이는 잠시 생각하고 열정샘을 쳐다보았다.

"선생님······. 사실 애들이 저를 따돌려요."

말하는 다정이의 눈에는 눈물이 맺히기 시작하였다.

"너희들 사이에 무슨 일이 있었는지 이야기 한번 해 보겠니?"

"지난 주말 카카오스토리에 사랑이가 저한테 저격글 올렸는데 하나도 댓글을 달고 동조하면서 저를 막 씹는 글을 올렸어요."

"스마트 폰으로 사랑이와 하나가 너를 비방하는 글을 올리면서 너를 따돌린다는 말이지?"

"네."

"친하게 지내던 친구들이 그렇게 따돌려서 기분이 많이 상했겠구나."

"네. 걔들이 왜 그러는지 모르겠어요."

"그런데 저격글이라는 것이 뭐니? 선생님은 처음 들어보는 말인데."

"그건 이름은 안 밝히고 '누구는 어떻다'라고 안 좋게 게시판에 글을 올리면, 아이들은 모두 그게 누군지 다 알면서 댓글로 그 한 사람의 이름은 밝히지 않고 비방하는 글을 올리는 거예요."

"혹시 그 저격글에 댓글로 동조한 다른 친구도 있었니?"

"네. 예리도 함께 올렸어요."

"카스에 올린 글을 선생님도 볼 수 있을까?"

"아니요. 지금은 그 글이 다 삭제되었어요. 사랑이가 어제 다 지웠어요."

"알겠어. 혹시 지난 주말 저격글 올린 것 말고는 다른 일은 없었니?"

"있었어요. 등교할 때 학교 앞 문구점에서 만나서 오는데 요즘에는 아이들이 저를 기다려주지 않아요. 걔들이 왜 그런지 모르겠어요."

"음……. 그럼 선생님이 자리를 마련해 볼 테니 친구들과 함께 이야기해 보는 것은 어떻겠니?"

"좋아요. 저도 걔들이 왜 그런지 알았으면 좋겠어요."

"그래. 그럼, 오늘 수업 마치고 선생님이 사랑이, 하나, 예리와 함께 이야기해 볼 테니 내일 다 같이 이야기 해 보도록 하자."

"네. 감사합니다."

다정이는 안도하는 표정을 지었다.

열정샘은 수업을 마친 후, 사랑이, 하나, 예리를 교실에 남도록 했다. 막상 아이들에게 이야기하려고 하니 어떻게 시작해야 할지 막막한 기분

애들아, 마실 가자!

이 들었다. 이런저런 생각으로 마음이 복잡한 사이 사랑이가 말하였다.

"선생님, 다정이 때문에 우리 남으라고 하신 거죠?"

"그래. 너희들 평소에 친하게 지내는 것 같았는데 요즘 사이가 많이 안 좋아졌다는 얘길 들었어."

"다정이가 선생님께 뭐라고 말씀드렸는지 몰라도 걔가 우리한테 잘못한 것이 많아요."

"어떤 일이 있었는지 얘기해 볼래?"

열정샘은 내심 따돌림을 시킨 이 아이들을 혼내기 위해 조금 강압적으로 이야기 해볼까도 생각했었다. 하지만 이렇게 털어놓는 학생들을 보며 강압적으로 하지 않은 것이 다행스럽게 여겨졌다.

"다정이가 평소에 우리 엄마 이상하다는 이야기를 자주 했어요."

하나는 이 말을 하면서 눈시울이 붉어졌다.

"좀 더 자세하게 이야기 해줄 수 있겠니?"

"주말에 다정이가 같이 놀자고 할 때, 저희 엄마가 집에 있으라고 한 적이 몇 번 있는데, 그럴 때마다 다정이는 친구랑 놀지도 못하게 하는 우리 엄마가 이상하다고 해요. 다른 것은 다 참을 수 있는데 엄마 이야기하는 것은 도저히 못 참겠어요."

하나의 눈가에는 눈물이 흘러내리고 있었다.

"다정이는 저랑 만날 땐 하나 안 좋은 점 이야기하고 하나랑 있을 때는 꼭 저 욕해요. 자꾸 그러니까 너무 싫어요."

사랑이도 조금 흥분한 말투로 말하였다.

"그래. 사랑이와 하나 모두 다정이의 그런 모습에 많이 실망하고 싫었겠구나."

"네."

하나와 사랑이가 동시에 대답하였다.

"그런데 다정이 이야기 들어보니 너희들이 카스에 다정이 저격글 올렸다고 하던데?"

"네. 올렸어요. 하지만 다정이도 우리 저격글 올렸어요."

사랑이가 억울하다는 듯이 말하였다.

'여기에서 누구의 잘잘못을 따지기 위해 아이들을 끝까지 추궁하는 것이 맞을까? 아니야. 아이들의 문제로 그들이 성장할 수 있는 계기를 만들어보면 좋을텐데……'

열정샘은 어느 선생님으로부터 듣고 가슴속에 깊이 새겨 둔 말을 되새겼다. 그리고 생각하였다.

'아이들의 학교생활에서는 항상 문제가 발생한다. 하지만 많은 교사들은 그들의 문제에 집중하고 그것을 해결하기 위해 애쓰는 경우가 대부분이다. 문제해결에 집중하는 것 보다 그 문제를 통해서 아이들의 성장을 이끌어내는 것이 더욱 중요하다.'

열정샘은 이 아이들의 문제 속으로 들어가 그것을 해결하는 것보다 그들의 '성장'을 이끌어내기로 다짐하였다.

"그래. 그런 일이 있었구나. 선생님이 너희들에게 한 가지 제안을 할 건데 들어볼래?"

얘들아, 마실 가자!

"뭔데요?"

"선생님은 누가 잘못했는지 따져보는 것 보다 이 일을 통해서 너희들이 좀 더 성장했으면 바라."

"그래서요?"

하나가 멀뚱히 물었다.

"내일 다정이와 함께 이야기 해 보는 것이 어떻겠니? 너희들의 잘못을 따지는 것보다, 서로의 마음을 터놓고 이야기 해 봤으면 좋겠어."

"내일 다 같이 상담하자는 말씀이시죠?"

열정샘은 사랑이의 아무렇지도 않게 하는 말에 조금 당황스러웠고 아이들이 자신의 말을 이해했는지 의문스럽기도 하였다.

"그래, 내일 다 같이 이야기 해 봤으면 좋겠어."

"선생님, 저는 다정이하고 별로 할 이야기도 없고 상관이 없는 것 같아서 저는 빠졌으면 좋겠는데요."

예리가 쭈뼛대며 이야기하였다.

"네, 맞아요. 예리는 다정이와 관련이 없어요."

"그럼 예리는 나중에 다시 이야기하자."

"네."

아이들은 시간에 쫓긴 듯 급하게 교실 밖으로 나갔고 열정샘은 내일 어떻게 이야기를 풀어 나갈지 걱정스럽기도 하고 조금 설레기도 했다.

다음날 아침, 열정샘은 다정이, 사랑이, 하나를 함께 불렀다. 열정샘은 책상 네 개를 마주보게 배열하여 하나와 사랑이를 나란히 앉히고 다정이를 맞은편에 앉게 하였다. 막상 상담을 시작하려고 하니 어떻게 시작해야할지 몰라 혼란스러웠지만, 한번 해 보자는 다짐을 하며 대화를 시작하였다.

"그럼, 지금까지 있었던 일들에 대해 서로 이야기 해 볼까? 서운했던 점이나 기분 나빴던 점들이 있으면 솔직하게 이야기했으면 좋겠어. 먼저 다정이부터 이야기해보자."

다정이는 고개를 푹 숙인 채 아무 말도 하지 않았다.

"다정이가 마음속 정리를 조금 해야 할 것 같은데. 사랑이부터 이야기해볼까?"

"다정이는 저희랑 같이 잘 놀다가도 저랑 둘이 같이 있으면 하나 뒷담화하고, 하나랑 둘이 있으면 저를 안 좋게 뒷담화해요."

"좀 더 자세히 이야기해줄래?"

"하나랑 저도 처음에는 몰랐는데 하나랑 어쩌다 이야기하면서 다정이가 우리들 뒷담화하면서 험담한다는 것을 알았어요. 저랑 있을 때에는 하나가 재수 없다는 말도 하고 하나가 왜 그런지 모르겠다는 말을 많이 했어요."

"다정이가 하나 안 좋은 이야기를 해서 곤란하고 기분이 안 좋았겠구나?"

"네. 다정이가 그렇게 말하는 것이 듣기 싫었어요."

"하나도 이야기해 볼래?"

애들아, 마실 가자!

"다정이가 뒷담화하는 것도 싫지만, 자꾸 저희 엄마 이상하다고 이야기하는 것은 정말 싫었어요. 차라리 저에 대해서 험담하는 것은 받아들이겠지만 엄마를 그렇게 얘기하는 것은 아니잖아요. 처음엔 그냥 듣고 넘어 갔는데 계속 그러니까 너무 기분이 나빠요."

하나의 목소리는 너무 덤덤해서 더욱 차갑게 느껴졌다.

"차라리 자기를 험담하는 것은 받아들이겠다고 이야기할 정도로 다정이가 엄마에 대해 안 좋게 이야기해서 속상했겠다."

"다정아, 사랑이와 하나 이야기 들어보니 어때?"

"……"

다정이는 여전히 고개를 숙인 채 아무 말도 하지 않았다.

"그럼, 다정이도 사랑이와 하나에게 기분 안 좋았던 이야기해 볼까?"

다정이는 여전히 고개를 숙이고 있었지만 힘이 없는 목소리로 이야기하기 시작했다.

"평소에 학교 앞 문구사에서 8시20분까지 만나서 학교를 같이 오는데 지난주부터 저를 왕따 시키고 같이 안 다녔어요. 그리고 엊그제 주말에는 카스에 저한테 저격글 올리면서 재수 없다 그러고 자기들끼리 댓글 달면서 저를 막 놀리고 그랬어요."

"그렇게 따돌림당했다고 느끼고 아이들이 쓴 저격글 보면서 많이 속상했겠구나."

"네. 학교에서도 놀아주는 친구가 없어서 학교 오기도 싫어요."

다정이의 목소리는 여전히 힘이 없었다.

"다정이도 카스에 우리한테 저격글 올렸어요."

사랑이가 억울하다는 듯이 말하였다.

열정샘은 말없이 다정이에게로 시선을 돌렸다.

"기분 나빠서 올리긴 올렸어요. 그리고 바로 삭제했어요."

아이들 사이에는 팽팽한 긴장감이 흐르고 차가운 기운이 감돌았다.

열정샘은 이 친구들이 화해해서 잘 지냈으면 하는 바람이 컸지만 지금 이 상황에서는 그것이 불가능하겠다는 생각이 더 크게 느껴졌다.

"얘들아, 선생님이 너희들에게 한 가지 제안을 할 테니 잘 들어봐. 지금 누가 잘못했는지 가려내는 것이 중요한 것은 아니라고 생각해. 선생님은 너희들이 이번 문제를 가지고 서로의 행동이 친구에게 어떤 상처를 주는지 알게 되었으면 좋겠어. 그것이 너희의 성장을 가져올 수 있을 것 같기도 하고……. 선생님 믿고 마음나누기 한번 해 보지 않을래?"

열정샘은 아이들이 거부하면 어쩌나 조마조마했지만 말이 끝나자마자 하나가 한 번 해보겠다는 대답을 하였다.

"다정이와 사랑이는 어때?"

"네. 한 번 해볼게요."

열정샘은 바로 공감대화카드를 꺼내었다. 그리고 감정카드를 꺼내 똑같이 나누어 아이들에게 나눠 주었다.

"카드가 보이게 책상 위에 펼쳐 놓아줘."

아이들은 아무 말 없이 카드를 책상 위에 펼쳐 놓았다.

"지금부터 너희들 사이에 있었던 일들로 인해 생긴 자신의 감정들을 카드에서 찾아볼 거야. 이번 일로 인해서 느꼈던 내 마음이 적힌 카드를 골라 이유를 설명하고 자기 앞에 가져다 놓으면 돼. 선생님 오른쪽에 있는 사람부터 순서대로 돌아가며 이야기해 보자. 먼저 사랑이부터 해볼까?"

사랑이는 자기가 먼저 해야 한다는 사실에 조금 부담스러운 기색이 느껴졌지만 이내 자신의 마음을 찾기 위해 카드에 집중하였다.

"뒷담화하는 다정이의 모습이 너무 싫었어요."

"다정이가 엄마를 안 좋게 이야기해서 너무 화가 났어요."

하나가 카드를 가져가며 말하였다.

다정이는 한참 동안 카드를 바라보고 있었다. 그리고 카드 하나를 골랐다.

"아이들이 저를 왕따시켜 학교 오기가 너무 막막했어요."

다정이가 여전히 힘없는 목소리로 말하였다.

아이들은 돌아가며 자기의 마음을 카드로 표현하였으며 열정샘은 아이들의 말에 적절히 공감을 해주었다.

"선생님, '실망하다'는 카드를 쓰고 싶은데 다정이가 먼저 가져가서 어떻게 해야 하나요?"

"다정이 앞에 놓인 카드를 그냥 가져가면 된단다. 하나가 다정이 앞의 카드를 가져가지만 '실망하다'라는 감정카드는 하나 앞에 놓일 뿐이지 다정이 마음을 빼앗아간다는 의미는 아니야. 혹시 다른 친구랑 중복되는 감정이 있다면, 그 친구 앞에 놓인 감정카드를 자기 앞으로 가져와도 돼. 그 카드는 두 친구가 함께 느꼈던 감정이라고 생각하면 되겠지."

"내 얼굴의 여드름 보고 멍게라고 놀린 다정이의 모습이 실망스러웠어요."

하나가 다정이 앞에 놓인 카드를 자기 앞에 놓으며 말하였다.

아이들 앞에는 이번 일로 느꼈던 감정카드들이 점점 많아져 갔다. 그리고 많아진 카드만큼 아이들의 쌓였던 마음이 조금씩 풀리는 것만 같았다.

"요즘 다정이와의 관계가 많이 어색하고, 지금 이 상황이 왠지 모르게 많이 답답해요."

"저는 요즘 왕따당해서 너무 힘들고, 아침에 학교 가는 것이 것이 망설여져요."

다정이의 목소리는 여전히 힘이 없었다.

"카스에 다정이 저격글 올린 것이 후회스러워요."

사랑이가 카드를 한 장 고르며 말하였다.

"사랑이가 다정이 저격글 올린 것에 대해 후회하고 있구나."

열정샘은 후회스럽다고 말한 사랑이를 잠깐 응시하였다. 어쩌면 이런 사랑이의 마음이 이 친구들의 관계를 풀 수 있는 시작이 될 수도 있을 것 같았다.

"지금까지 자기 마음이 어땠는지 카드로 골랐는데 이번에는 내가 아닌 상대방의 마음이 어땠을지 카드로 공감해주도록 하자. 방법은 감정카드 하나를 골라 친구 마음이 어땠을지 공감을 하고 그 친구 손에 카드를 전해주는 거야. 카드를 받은 사람은 자기 앞에 카드를 가지런히 정리해 놓으면 된단다."

열정샘의 설명이 끝나고 열정샘의 오른편에 앉은 사랑이부터 순서대로 상대편 친구의 마음을 공감해주기 시작하였다. 사랑이와 하나에게는 다정이의 마음이 어땠을지 공감해주도록 하였으며 다정이는 사랑이와 하나를 공감해주게 하였다.

"저격글 올린 것을 보고 내가 싫었겠다."

사랑이는 '싫다'라는 감정카드를 집어 이야기한 후 다정이에게 주었고 다정이는 카드를 받아 자기 앞에 놓았다.

"우리가 따돌려서 외로웠을 것 같아요."

하나가 열정샘을 보며 이야기하자 열정샘은 하나에게 말하였다.

"하나야, 선생님에게 이야기하지 말고 다정이에게 말하듯이 이야기하렴."

"우리가 따돌려서 외로웠겠다."

하나는 다시 고쳐 말하고 들고 있던 카드를 다정이에게 전해주었다.

"내가 너희 엄마에 대해 안 좋게 이야기해서 많이 화났겠다."

"친구들이 너랑 놀아주지 않아 학교 오면 많이 쓸쓸하겠다."

"우리에게 뒷담화해서 미안했겠다."

"내가 뒷담화해서 많이 짜증났겠다."

아이들이 카드를 건네주며 상대방 마음을 이야기해줄 때에는 말을 툭 던지듯 건조한 말들이 오가기만 하였다. 하지만 아이들 사이에 감싸고 있던 전체적인 긴장감은 조금씩 풀려가는 것을 열정샘은 느낄 수 있었다.

[나의 바람 찾기]

열정샘은 세 아이들 사이의 분위기가 조금씩 풀려지는 것 같이 느껴졌다. 푹 숙이고 있었던 다정이의 고개가 점점 올라가는 것이 이 분위기를 대신해주는 것 같기도 하였다.

열정샘은 바람카드를 3등분하여 아이들에게 나눠 주었다.

"카드를 책상에 모두 펼쳐 주겠니?"

아이들은 카드를 책상에 모두 펼쳤다.

"지금부터는 자기가 바라는 점을 카드로 표현해 볼 거야. 내가 바라는 카드를 두 세장 정도 골라 자기 앞에 가져다 놓으면 돼."

하나는 '배려 받고 싶나요?'카드를 집으면서 말하였다.

"나에 대해 험담이나 엄마 안 좋게 이야기하지 말고 배려해주길 바라요."

"내가 학교에서 이야기할 사람도 없고 외로운 마음을 이해 받고 싶어요."

다정이가 '마음을 이해 받고 싶나요?' 카드를 집으며 말하였다.

"다시 예전처럼 잘 지내서 좋은 관계가 되었으면 좋겠어요."

사랑이가 '좋은 관계를 원하나요?' 카드를 집으며 말하였다.

아이들 자신의 바람을 이야기하며 카드를 자기 앞으로 가져다 놓았다. 그러던 중 다정이가 열정샘에게 질문을 하였다.

"선생님, 제가 바라는 점이 하나가 바라는 점하고 같은데 어떻게 해야 해요?"

"바라는 점이 같아서 다른 것을 고르지 못하고 있었구나. 그럴 때에는 하나 앞에 놓인 카드를 가져다 선생님 앞에 놓으면 어떻겠니? 그러면 너희들이 함께 바라는 것이라는 것을 확인하기 편할 것 같은데."

"네."

다정이가 열정샘 앞에 가져다 놓은 카드는 '서로 잘 어울리기를 바라나요?' 카드였다.

열정샘 앞에 놓여진 카드는 잘 어울리기, 소통하기, 사이좋게 지내기 등의 카드였다.

"야! 유다정! 카드 가져가야지."

사랑이가 멍하게 앉아 있는 다정이에게 소리쳤다. 사랑이의 큰 소리에는 약간의 미소가 담겨 있었다.

"어? 카드 더 가져가야 하는 줄 몰랐네. 헤헤."

평소에 웃음이 많은 다정이는 멋쩍은 웃음을 지었다.

"야. 카드 두 세 장 가져가는 것 몰랐어? 나는 고를 카드가 없어서 고민하는 줄 알았네."

하나가 다정이에게 웃으며 이야기하였다.

이런 아이들의 모습에 열정샘은 안도의 한숨을 쉴 수 있었다.

"자기가 찾은 바람카드에 대해 친구들에게 설명해 볼까?"

아이들은 고른 바람카드 중 '서로 잘 어울리기를 바란다'는 카드는 세 명 모두가 바라는 것이었다.

"서로 친하고 가깝게 지내고 싶고, 앞으로 서로 잘 어울렸으면 좋겠어요. 그리고 서로 이야기하면서 소통했으면 좋겠어요."

사랑이가 바람을 이야기하였고, 하나, 다정이도 고른 바람카드를 보며 자신의 바람을 이야기하였다.

[바람을 이루기 위한 계획하기]

"여기 너희들이 함께 바라는 점을 한 번 보겠니? 너희들이 바라는 마음이 서로 비슷한 것 같네. 그러면, 자신의 바람을 이루기 위해 친구가 무엇을 어떻게 해주었으면 좋겠는지 생각해 보고 구체적으로 한 가지씩 이야기 해 보자."

"선생님, 제가 바라는 점이 친하게 지내고 싶은 건데, 친하게 지내기 위해서 다정이가 앞으로 어떻게 해주었으면 좋겠는지 말하면 되는 것예요?"

하나가 열정샘의 말을 제대로 알아들었는지 확인하기 위해 질문하였다.

애들아, 마실 가자!

"그래, 다정이는 하나와 사랑이에게, 하나와 사랑이는 다정이에게 자신의 바람을 이루기 위해 상대방이 앞으로 어떤 말이나 행동을 하면 좋을지 구체적으로 이야기하면 된단다."

"다정이가 저희 엄마에 대한 험담을 하지 말았으면 좋겠어요. 그렇게 약속한다면 예전처럼 친하게 지낼 수 있을 것 같아요."

"다정이가 저나 하나에 대한 뒷담화를 하지 않았으면 좋겠어요."

하나와 사랑이가 각자의 바람을 위해 다정이가 앞으로 어떻게 했으면 좋을지 이야기하였다.

"다정아. 하나와 사랑이가 이야기한 것에 대해 어떻게 생각해?"

"앞으로 하나 엄마 험담이나 친구들 뒷담화하는 것 안 할께요. 저도 서로 친하게 지내고 싶어요."

다정이도 하나와 사랑이에게 앞으로 학교에서 따돌리지 말고 자기에게 이야기도 걸어주고 친하게 대해주었으면 좋겠다는 약속을 할 수 있었다.

"선생님이 너희들에게 더 이상 어떤 말을 해주지 않아도 될 것 같구나. 이렇게 서로의 마음을 확인하는 활동해보니 어땠는지 말해볼까?"

"다정이가 그렇게 외로워할 줄 몰랐어요."

"친구들의 마음을 알게 되어 좋았어요."

"친구들에게 미안했어요. 앞으로 안 그래야겠어요."

아이들이 어땠는지 표현은 다 못하지만 이번 활동을 하면서 많은 것들을 느꼈을 것이라고 열정샘은 생각했다. 그리고 다정이가 미안하다는 말을 꺼냈다는 것에 환희를 느꼈다.

"선생님의 역할은 여기까지. 지금부터는 너희들끼리 이야기 해 보면 될 것 같아."

열정샘은 아이들에게 이 말을 하며 활동을 마무리 지었다.

그날 쉬는 시간에 다정이와 하나, 사랑이가 함께 웃고 있었다.

다시 예전처럼 친하게 지내고 있는 모습을 본 열정샘은 세 아이들이 더욱 친해진 것 같이 느껴졌다.

갈등중재 - 힘이 비슷한 아이들끼리 다툼

기대효과 ▪ 공감대화카드를 활용하여 힘의 균형이 비슷한 친구들 간에 일어난 갈등이나 다툼을 해결할 수 있다.

준 비 물 ▪ 공감대화카드

과 정 ▪ **내 마음 바라보기**

· 감정카드를 모두 앞에 펼쳐 두고 자신의 마음을 감정카드로 표현한다. 이때 두 친구가 교대로 돌아가면서 자신의 마음을 표현한다.

　예) 나를 바보라고 놀려서(사실) 속상했어(감정카드34)-친구1

　　 난 재미있자고 한 건데 주먹으로 어깨를 때려서(사실) 순간 화가 났어(감정카드62)-친구2

· 이때 선생님은 상황에 따라서 감정카드로 두 친구의 마음을 공감해준다.

▪ **친구 마음 바라보기**

· 이번에는 상대 친구의 마음이 어땠을지 두 친구가 번갈아가며 감정카드에서 찾아 공감해준다.

　예) 내가 바보라고 놀려서(사실) 속상했겠다(감정카드34)-친구2

　　 주먹으로 어깨를 때려서(사실) 화났겠다(감정카드62)-친구1

▪ **바람 알아차리기**

· 바람카드를 펼치고 자신의 바람이 이루어졌으면 하는 카드를 두 세장 찾고 설명한다.

■ **바람을 이루기 위한 계획하기**

· 그 바람이 이루어진 장면은 어떤 모습인지 구체적인 장면으로 설명하고 그 장면에서 상대 친구가 어떤 행동이나 말 등을 해주길 바라는지 서로 이야기한다.

· 서로의 바람을 이루기 위해 할 수 있는 구체적인 행동들을 앞으로 지켜나갈 수 있도록 서로 다짐하고 약속한다.

■ **느낌 나누기**

· 활동을 한 후 생각하거나 느낀 점을 서로 나누어 본다.

진 행 도우미

■ 또래 상담 활동으로 활용할 수 있다.

■ 갈등중재활동을 하기 전에 교사는 갈등 당사자의 이야기를 충분히 듣는다.

■ 교사는 감정카드로 공감을 해줄 때도 공정성을 유지할 필요가 있다. 어느 한쪽으로 교사의 가치관이 기울어지는 경우 학생은 방어기제를 작동시킬 우려가 크기 때문이다.

■ 좌석은 두 친구가 마주 보게 앉고 교사는 중간에 두 친구를 바라보고 앉은 자세가 좋다.

■ 바람을 이루기 위한 구체적인 행동 계획을 세울 때는 자기 자신에게 초점을 맞추어 행동 계획을 세우게 한다. 조건부 계획이나 상대방에게 무조건적으로 요구하는 행동 계획은 자기중심으로 교사가 바꾸어 정리해줄 필요가 있다.

예) 얘가 놀리지 않으면 때리지 않을 거예요 (×)

화가 나면 때리지 않고 기분 나쁘다고 말할 거예요 (○)

자기 마음 표현하기

자기 바람 찾기

13. 공감으로 꿈을 키우는 아이들 - 또래 상담

매달 마지막 주 금요일에는 모둠별 공감상담을 하는 열정샘 반.

한 달 동안 학교생활 속에서, 가족들과의 관계 속에서, 친구들과의 관계 속에서 있었던 고민들을 친구들과 함께 나누고 공감받고 위로받는 시간이다. 이 시간이면 모둠 활동하면서 섭섭했던 이야기들도 나오고, 부모님이나 동생으로부터 받은 스트레스도 함께 나누면서 마음에 새겨진 상처들을 서로 치료해주는 시간이 되었다.

그러던 어느 날.

방과 후에 사랑이와 하나가 열정샘을 찾아왔다.

"선생님, 사랑이 꿈이 바뀌었데요. 그 전에는 선생님이 되고 싶어 했는데 이제는 아동 치료 전문 상담사가 되고 싶대요."

하나의 이야기에 사랑이가 수줍어하며 빙그레 웃었다.

"친구들과 함께 상담을 해 보니까요 생각보다 상처받아서 힘들고 속상해하는 친구들이 많더라고요. 근데 제가 공감해주니까 좋아진다고 하고 고맙다고 해주니까 뿌듯하고 저까지 행복해지던데요? 그래서 해 보고 싶어졌어요."

열정샘은 사랑이의 말에 공감대화카드가 아이들의 꿈까지 아름답게 만드는 것 같아 흐뭇했다.

"그런데 상담사를 하려면 뭘 해야 될까요?"

하는 물음에 열정샘은 잠깐 당황하다가

"글쎄? 뭐가 있을까? 지금 네가 할 수 있는 것은 친구들의 마음에 새겨진 상처를 더 많이 공감해주고 위로해주는 것이 아닐까?"
하고 말하며 번뜩 새로운 생각이 들었다.

'꿈이라는 것이 꼭 커서만 이루어지는 것일까? 지금 아이들의 마음을 가장 잘 아는 것은 옆에 있는 친구가 아닐까? 가장 쉽게 공감하고 위로해줄 수 있고 또 공감받고 위로 받고 싶은 대상도 옆에 있는 친구가 아닐까? 그래 바로 그거야. 또래 상담 동아리를 만들자.'

다음 날 아침.
열정샘은 아침 조회 시간에 아이들에게 또래 상담 동아리에 대해 소개를 하였다.

"애들아, 어제 방과 후에 선생님이 기분 좋은 소식을 하나 들었어요. 사랑이의 꿈이 선생님에서 아동 치료 전문 상담사로 바뀌었는데, 그 이유가 친구들의 아픈 상처를 공감해주고 치료해주는 것이 행복하고 보람된 일이었다는 거예요. 이 말을 듣고 선생님은 기쁘고 행복했어요. 우리 반 친구들이 서로에 공감하고 위로하는 기쁨과 보람을 알게 된 것 같아서 말이에요. 그리고 이렇게 사랑이처럼 친구들에게 도움 주는 의미 있는 사람이 되고 싶은 친구들을 모아서 또래 상담 동아리를 만들면 좋을 것 같다는 생각이 들었어요. 여러분 생각은 어때요?"

"괜찮은 것 같아요."

"네 좋아요."

"그런데요 선생님, 그럼 모두 다 또래 상담사를 할 수 있는 거예요?"

열정샘은 기다렸다는 듯이 또래 상담사 신청서를 아이들에게 보여주었다.

"자격 요건이 없이 모두 다 될 수 있다면 의미가 없겠지요. 또래 상담 동아리에 들어오고 싶은 친구들은 신청서를 작성하고 테스트를 받을 거예요. 그리고 테스트에 합격하면 올해 우리 반 또래 상담사로 활동할 수 있는 자격증을 줄 거예요."

테스트라는 말에 아이들은 당황스러워 하였다.

"테스트요?"

"무슨 테스트요?"

"테스트는 싫은데…… 자신 없는데……"

"난 한 번 해 볼 거야"

각양각색의 반응에 열정샘은 더 신이 났다.

"테스트는……. 너희들 모둠 공감대화카드 모두 알고 있지요? 1차로 모둠 공감대화카드 상담법을 진행할 줄 아는지 알아볼 거예요. 2차는 주변의 친구나 가족들에게 카드로 상담을 해주고 사례를 적어오는 것이고, 마지막으로 면접테스트를 할 거예요. 왜 또래 상담 동아리에 들어오게 되었는지, 어떤 마음과 자세로 또래 상담사를 할 것인지 물어보는 거예요. 어렵지 않을 거예요. 너무 부담 갖거나 겁먹지 말고 평소 우리가 창의적 체험활동 시간에 하던 것처럼 하면 돼요. 상담사로서 따뜻하고 진실된 마음도 필요하겠지요. 어떤 친구들이 또래 상담 동아리에 들어올지 기대가 되네요. 신청 많이 해주길 바라요."

아이들은 저마다 또래 상담 동아리 테스트를 어떻게할 것인지 고민을 하며 수근거렸다. 사랑이와 하나 그리고 다정이는 서로 눈빛 교환으로 동아리에 들겠다는 결의를 다졌다.

방과 후.

사랑이와 하나, 그리고 다정이는 상담 동아리 테스트를 어떻게 할 것인지 토의를 시작하였다.

"너희들 모둠 공감대화카드 상담법을 다 알고 있지?"

"물론이지. 얼마나 했는데 그걸 모르겠어."

사랑이의 질문에 다정이와 하나는 당연한 말을 한다는 듯 웃으며 대답했다.

"그럼 1차 테스트는 문제가 없을 것 같고. 문제는 2차 테스트네. 너희들은 누구 상담해줄 거야?"

"난 우리 엄마 상담해 드릴까 하는데. 왜냐하면 요즘 아빠가 술을 너무 자주 드시고 늦게 들어오셔서 엄마 스트레스가 장난 아니시거든. 가끔 그 불똥이 우리에게까지 튀어서 힘들어."

하고 다정이는 상담사례 대상자를 엄마로 선택하였다.

"하나 너는 누구할거야?"

"글쎄, 나는 딱히 정하질 못했어. 넌 어떻게 할 건데?"

하나의 질문에 사랑이는 눈을 반짝이며

"너 요즘 우리 반에서 가장 슬퍼 보이고 외로워 보이는 친구가 누구인 것 같아? 여자 친구 중에 말이야."

"그런 친구……. 누가 있을까? 아~ 제일 필요하기는 유유가 아닐까? 요즘 이빈이와 진이 팀에서 돌려서 혼자 있던 적이 많았던 것 같아. 그리고 걔들이 유유 좀 괴롭히는 것 같던데. 근데 우리가 유유편 들면 이빈이와 진이가 가만히 있지 않을 걸?"

하나가 불안한 표정으로 이야기하였다.

"그건 그렇지만 그 아이들 안 보는데서 해주면 되지. 유유 보면 마음이 좀 아프더라. 그리고 하나 너랑 나랑 그리고 다정이도 우리 도와서 같이 해주면 되잖아. 우리는 셋이니까 이빈이와 진이쯤이야 이길 수 있지 않을까?"

사랑이가 으스대며 자신만만하게 이야기를 하자 모두 한바탕 웃었다. 그렇게 하여 세 명의 친구는 미술 방과 후 수업을 받고 있는 유유를 찾아갔다. 세 친구의 갑작스런 방문에 놀란 유유는 어찌할 바를 몰랐다.

"너희들 무슨 일이야?"

"우리가 네 도움이 좀 필요해. 우리가 또래 상담 동아리 들어가고 싶은데 상담을 해줘야 하는 숙제가 있어. 너 우리에게 상담 좀 받아주면 안 될까?"

사랑이의 솔직한 표현에 유유는 당황스러웠지만 친구들이 자기를 찾아와준 것만 해도 기뻤다.

"내가 뭘 어떻게 하면 되는데?"

"수업 언제 끝나? 끝나고 위클래스 상담실 있지? 거기서 만나. 오면 말해줄게."

그리고 세 친구는 손 인사를 하고 사라졌다. 유유는 갑작스럽게 일어난 일에 정신이 없었지만 항상 혼자서 외롭던 유유는 친구들과 함께 이야기를 한다고 생각하니 가슴이 두근거렸다.

"아~~~~ 좋다."

유유는 자기도 모르게 이런 말을 하고 있었다.

위클래스 상담실

방과 후 수업을 마치고 유유가 온 상담실에는 4명의 친구가 감정카드를 책상 한 가득 펼치고 앉았다.

"유유야, 이제 요즘 네가 가진 고민을 이야기 해 봐. 뭐든지 다 괜찮아. 너 요즘 학교에서 얼굴빛이 별로 좋지 않던데 무슨 일 있어?"

사랑이의 직접적인 질문에 유유는 움찔거리며

"아니. 크게 문제가 있는 건 아니고……. 그냥 가끔 무섭고 외로워."

"아 그래? 뭐가 무섭고 외로운지 이야기 해 봐."

이렇게 하여 첫 상담은 시작되었다.

유유는 처음 말을 아끼려는 태도와는 달리 세 친구들의 공감을 받으며 가슴속에 담아 두었던 가슴 아픈 상처들을 하나씩 꺼내 놓았다. 그동안 이빈이와 진이로부터 받은 상처, 친구들에 대한 섭섭함과 실망감, 외로움과 분노, 절망감과 막막함. 심지어 자살을 해 보려고도 했다는 유유의 말에 세 친구는 놀람과 함께 미안함과 죄스러움이 느껴졌다. 한참을 폭포 쏟아내듯 말을 하던 유유가 울기 시작하자 세 명의 친구도 같이 얼싸안고 엉엉 울어댔다. 어느새 세 명은 서로에게 힘이 되고 위로가 되는 친구이자 상담사들이 되어 있었다.

감정카드가 끝나고 바람카드를 펼쳤다. 유유의 선택은 친구들과 사이좋게 지내고 싶고, 몸과 마음이 편했으면 좋겠고, 즐거운 학교생활을 바라는 것이었다.

"유유야, 이제 우리가 너의 보디가드가 되어주고 친구가 되어줄게. 이제 너는 즐거운 학교생활을 하게 될 거야. 오블리비아테! 푸하하!"

사랑이의 너스레에 모두 한바탕 웃고 유유에게 좋은 친구가 되겠다는 다짐의 하이파이브를 하였다.

그 이후 하나는 개구쟁이 동생의 어려운 숙제에 대한 고민을 상담해주었고, 다정이는 아빠의 무뚝뚝함과 늦은 귀가에 상처 입은 엄마를 상담하였다. 그리고 세 친구의 따뜻한 에너지를 받은 유유도 술로 인한 피로감에 힘들어하는 아빠를 억지로 상담하면서 또래 상담 동아리 테스트를 완성해 갔다.

또래 상담자 테스트가 있는 날

또래 상담사를 신청한 아이들은 여덟 명이었다. 1차 테스트는 수업시간에 자주 하던 것이라 모두들 무사히 통과하였다. 2차 테스트인 상담사례 발표 및 평가 시간. 부모님, 형제자매, 친구, 할머니 할아버지 등 다양한 사람들은 대상으로 상담 사례를 정리해 온 아이들이 열정샘은 너무 대견하고 자랑스러웠다. 2차도 모두 통과.

3차 면접 테스트. 또래 상담사를 하고 싶은 이유가 무엇인가의 질문에 아이들은 나름대로 자신들의 생각과 느낌을 발표하였다.

"힘들고 어려운 친구들에게 도움이 되고, 그 친구가 고맙다고 말해주면 왠지 제가 멋진 사람이 된 것 같아 행복했어요."

"나중에 커서 상담사가 되려면 지금부터 공부해두면 좋을 것 같아요."

"그냥 아이들과 이렇게 속마음 얘기하고 같이 웃고 같이 울고 하는 것이 재미있어요."

그리고 유유는

"내가 외롭고 힘들 때 친구들이 다가와서 내 마음을 공감해주고 위로해주니까 너무 행복하고 즐겁고, 고마웠어요. 저도 그 친구들에게 받은 고마움을 저처럼 외로운 친구에게 힘이 되고 싶어졌어요."

라고 말하며 다정이와 사랑이, 그리고 하나를 쳐다보고 빙그레 웃었다.

따뜻한 기운이 교실을 감싸고 열정샘은 이 기적에 놀라고 감탄할 뿐이었다.

'내가 할 수 없었던 일을 저 아이들이 해 내었구나. 그러면 나는 저 아이들의 힘을 믿고 지지하고 기다리는 것이 나의 몫일까?'

또래 상담 동아리를 통해 또 하나의 놀라운 기적을 보게 된 열정샘은 사랑이와 하나, 다정이와 유유 그 외 네 명의 친구를 포함 여덟 명의 친구로 구성되어진 또래 상담 동아리가 앞으로 얼마나 많은 기적을 이룰지 기대감에 가슴이 뭉클하였다.

14. 선생님도 공감받고 싶을 때가 있다 - 교사힐링타임

"우동아, 책상 옆에 휴지 좀 주워줄 수 있겠니?"

"……"

수업을 시작하려는 열정샘 눈에 우동이 책상 옆에 지저분한 휴지가 떨

얘들아, 마실 가자!

어진 것이 마침 눈에 들어왔다. 자기 자리 주변을 정리하자는 열정샘의 제안이었지만 아이들은 별 관심이 없다. 그 중에서 특히 눈에 띈 우동이의 자리를 지적했지만 우동이는 못들은 척 미동도 하지 않는 것이다.

"강우동! 네 책상 옆에 종이 떨어진 거 줍고 책상 똑바로 맞춰 주세요."

"제가 안 버렸어요."

"그래도 네 자리에 있으니까 좀 버려주겠니?"

"아이~씨~"

"강!우!동!"

당연히 주워야 하는 상황인 것 같은데 버틸 대로 버티고 있는 우동이를 보며 열정샘은 울화통이 치밀어 버럭 소리를 질렀다. 최대한 이성적으로 대응하려고 애써 보지만 내 마음 같지 않은 상대를 보면서 이해보다는 서운한 감정이 앞선다.

"내가 버린 것도 아닌데 왜 나한테 그래요?"

조금 전보다 목소리가 더욱 커지고 자신을 무섭게 쳐다보는 열정샘을 의식한 우동이는 짜증스러운 목소리로 대꾸하며 마지못해 허리를 굽혀 쓰레기를 집었다. 하지만 쓰레기통까지 가는 동안 못마땅한지 눈썹 끝이 올라가고 입은 삐죽거리며 인상을 잔뜩 구긴다. 게다가 손에 든 종이 쓰레기를 마구 구겼다가 찢는 행동을 이어서 하며 불만스러움을 있는 대로 쏟아내는 우동이를 보니 열정샘의 마음은 불편하고 답답하기만 하다. 그러나 바로 지적을 하고 생활지도를 할라치면 아이들과 갈등이 생기고 막막하고 난감할 때가 많다.

'저 아이가 내 마음도 좀 알아주면 안 되나? 나는 이렇게 속상한데 교실에 나머지 아이들조차 이 상황에 대해 아무 관심도 없는 듯 보여 너무 속상해. 이 아이들을 어떻게 가르치지? 이럴 때 내가 어떻게 풀어나갈 수 있을까?'

열정샘은 아이들을 끝까지 공감해야 한다는 걸 머리로는 알지만 막상 마음에 안 좋은 감정이 쌓이니 아이를 공감할 마음의 여유는 없어지고 힘들기만 하다.

'차라리 내 속마음을 있는 그대로 이야기 해 보고 이 아이들에게 공감받아보는 건 어떨까?'

물끄러미 우동이를 쳐다보며 감정을 억누르던 열정샘의 머리에 바로 공감대화카드를 이용한 새로운 공감활동이 떠 올랐고, 모둠별로 감정카드와 바람카드 한 세트씩을 바로 나누어주었다.

"우리 반 친구들, 선생님은 지금 너무 화가 나고 속상해요. 여러분이 선생님 이야기를 듣고 공감을 해줬으면 좋겠어요."

"네."

"모둠별로 공감대화카드 한 세트씩 나누어주었습니다. 먼저 감정카드를 꺼내서 모둠 책상 위에 펼쳐주세요. 선생님의 이야기를 듣고 모둠별로 돌아가며 선생님의 지금 마음을 감정카드로 공감해주는 거예요."

잠시 아이들이 책상 위에 감정카드를 펼쳐 놓기를 기다렸다가 열정샘은 속상한 자신의 마음을 털어놓기 시작했다.

"우리 교실에 쓰레기가 떨어져 있었는데 선생님이 말하기 전까지는 아무도 그 쓰레기를 줍는 사람이 없었어요. 우리가 함께 쓰는 교실인데 내가 버린 쓰레기가 아니더라도 교실바닥에 떨어진 휴지가 보이면 지저분하니까 함께 치우면 좋겠는데 내가 버린 것이 아니라고 줍지 않는 친구를 보니까 너무 답답하고 속상했어요. 게다가 선생님의 부탁에 짜증내고 투덜거리며 대꾸하는 친구가 있는데 이럴 때 선생님 마음은 어떨까요? 선생님 마음 좀 공감해주세요."

창가 첫째 모둠부터 돌아가며 선생님의 마음을 카드로 공감하는 활동이 시작되었다.

걱정되다	곤란하다	놀라다	답답하다
당황스럽다	밉다	불편하다	비참하다
섭섭하다	속상하다	슬프다	실망하다
얄밉다	우울하다	원망스럽다	짜증나다
화나다	힘들다		

"선생님은 우리가 함께 공부하는 교실이 지저분한 것 같아 쓰레기를 주우라고 한 건데, 내가 버린 쓰레기가 아니라고 안 줍는 친구를 보며 많이 당황스럽고 속상하셨을 것 같아요."

"공부하는데 지저분한 교실이 걱정되어 쓰레기를 주우라고 하셨을 텐데, 짜증내고 화내는 친구를 보며 선생님도 짜증나고 그 친구가 원망스러우셨겠어요."

"선생님의 말에 투덜거리며 짜증내는 친구의 태도를 보며 그 친구가 걱정되셨겠어요."

"선생님께 버릇없이 행동하는 친구를 보며 얄밉고 화가 나셨을 것 같아요."

"놀라셨을 것 같아요."

"실망하셨을 것 같아요."

마지막 모둠에 앉아 있던 우동이도 열정샘에게 카드를 건네며,

"화나셨을 것 같아요"라고 말하였다.

여섯 모둠을 돌면서 아이들은 위에 나오는 많은 감정들을 공감대화카드로 골라내었고, 아이들이 공감해준 선생님의 마음에 열정샘은 크게 고개를 끄덕이며 반가워 하였다. 특히 우동이도 자신의 마음을 알아주는 것 같아 더 반가웠고 아까 받은 속상함이 위로가 되었다. 이 활동 과정에서 우동이의 표정은 아까와는 달리 미안한 듯 누그러져 있었고 그 모습을 보는 열정샘의 마음도 어느새 진정되어 아이들과 계속 공감활동을 이어갔다.

애들아, 마실 가자!

"맞아요. 여러분이 이렇게 선생님의 마음을 알아주니까 너무 고마워요. 여러분이 공감해준 감정들 중에서 선생님의 지금 마음과 가장 가까운 마음을 세 가지로 정리할게요. 선생님은 그 친구가 선생님 마음을 너무 몰라주는 것 같아서 속상하고 당황스럽고, 선생님에게 예의 없이 행동하는 것 같아 화가 났었어요. 그 친구가 선생님 마음을 꼭 알아줬으면 좋겠네요. 이번엔 선생님의 바람을 찾아주세요. 모둠에서는 바람카드를 펼쳐 주세요. 그리고 모둠별로 선생님의 바람을 찾아 발표하는 겁니다."

아이들은 감정카드에 이어 바람카드를 펼쳐 놓고 선생님의 바람이라고 생각되어지는 카드를 찾아들고 모둠 순서대로 말을 이어갔다.

마음을 이해받고 싶나요?	배려 받고 싶나요?	있는 그대로 받아주길 바라나요?
지금 상황을 이해받고 싶다는 건가요?	존중받고 싶나요?	좋은 관계를 원하나요?
규칙이나 원칙이 세워졌으면 싶나요?	친하고 가깝게 지내길 바라나요?	사이좋게 지내길 원하나요?

"선생님의 마음을 있는 그대로 받아주길 바라시는 것 같아요."

"지금 상황을 이해받고 싶으신 것 같은데 그러지 못해 속상하신 것 같아요."

"학생들에게 존중받고 싶으실 것 같아요."

"아이들이 쓰레기를 버리지 않고 교실에서 지켜야할 것을 잘 지키길 바라실 것 같아요."

아이들은 위에 쓰인 바람카드를 하나씩 건네며 열정샘의 바람을 찾아주었다.

열정샘은 아이들이 하는 말을 들으며 놀랍기도 하고 기특한 생각이 들었다. 자신의 마음을 있는 그대로 받아주길 바랄 것 같다는 바람을 찾아낸다는 사실이 대견하기까지 하였다. 아이들이 찾아준 바람카드를 보며 열정샘은 아이들의 공감능력에 한 번 더 놀랐고 자신의 마음도 정리할 수 있었다. 아이들과 함께 지내며 일어난 문제에서 아이들에게 공감을 받는 경험은 처음이었으나 신기하게도 힘들었던 마음이 어느새 힐링이 되어 편안해지는 것 같았다.

"선생님의 바람은 여러분이 선생님의 마음을 있는 그대로 받아주길 원해요. 그리고 학생인 여러분에게 존중받고 싶은데 존중받지 못하는 것 같아서 화가 나고 속상했었어요. 여러분과 친하고 즐겁게 지내고 싶은 것이 선생님의 바람이니 앞으로 우리 친하게 지내보자."

아이들은 열정샘의 말에 고개를 끄덕이며 미소를 지었다.

"선생님은 이번 공감활동 후에 마음이 편안해졌는데 여러분은 어땠나요?"

"음……. 이 활동을 하고 선생님 화가 풀린 것 같아 다행이에요."

"선생님, 저희가 활동을 잘해서 선생님 마음이 편안해진 것 같아 우리 스스로가 참 대견해요."

이 말에 열정샘은 웃음이 터져 나왔다.

"뭐라고? 하하하, 녀석들."

아이들은 선생님 마음을 풀어주었다는 사실이 엄청 뿌듯하고 으쓱한 가보다.

열정샘은 그때 다시 우동이를 보며 말했다.

"우동이가 오늘 불편하고 힘들었을 텐데 편하게 이야기해 줘서 정말 고맙구나."

우동이는 좀 전의 자신의 행동에 대해 반성하는 듯 머쓱하게 열정샘을 쳐다보며 머리를 긁적였다.

이 일 이후로 열정샘은 또 한 가지 새로운 생각을 떠올렸다. 아이들로 속상했던 마음을 아이들에게 위로받는 날을 정해서 오늘 같이 공감활동을 계속해 보는 것도 괜찮을 것 같았다.

교실에서 열정샘의 생각과 다르게 행동하고 말하는 아이들을 보면 걱정되고 서운했었다. 그때마다 소리 지르고 화를 내면 아이들은 그 마음을 알아주기보다

'우리 선생님이 왜 저러지?'

'우리가 뭐 잘못했나. 왜 화를 내지?'

라고 말하는 것 같이 모르겠다는 표정을 지으면 열정샘은 자신의 마음이 아이들에게 받아들여지지 않는 것 같아 답답하곤 했었다.

'오늘처럼 화 안 내고 내 마음을 전달할 수 있으면 좋을 것 같아. 내 감정

도 전할 수 있고 내가 말하는 걸 보며 아이들도 상대에게 화내지 않고 말하는 방법을 배울 수 있는 기회도 되지 않을까?'

열정샘은 이와 같이 생각하며 한 달에 한 번, 매달 마지막 주 금요일을 아이들에게 자신의 속상했던 마음을 털어놓고 위로받는 공감활동 시간으로 정했다.

"숙제 안 한 사람 있어요?"

오늘도 대한이는 빠지지 않고 손을 든다.

'대한이는 숙제를 습관처럼 해 오질 않는 것 같아. 매번 이렇게 챙겨야 하는게 너무 힘들어.'

미술 시간이다. 찰흙으로 만들기를 하기로 한 날이라 열정샘은 수업 전 준비물을 확인한다.

"준비물 안 가져온 사람 있어요?"

안전이가 손을 든다. 그렇게 잊지 말고 꼭 가져오라고 알림장에 적으며 다짐했건만 별 생각 없이 그냥 학교에 오는 것 같아 열정샘은 답답한 마음이 들었다.

그 다음 날은 남자 아이들끼리 사소한 일로 다툼이 있었다. 서로 자기에게 유리한 말로 자신을 방어하느라 자기 잘못은 없고 상대 탓만 하며 서로 미워하는 아이들을 보니 열정샘은 또 힘들어졌다. 교실에서 일어나는 많은 일들로 즐겁고 속상함이 반복되었다.

한 달 후, 마지막 주 금요일.

지난 한 달 동안 열정샘이 힘들었던 걸 이야기하고 아이들은 모둠별로 모여 책상 위에 공감대화카드를 펼쳐놓고 기다리고 있었다.

"힐링타임입니다. 오늘 이 시간은 여러분이 선생님 이야기를 들어주는 시간이에요. 지난 한 달 동안 지내면서 선생님에게 속상한 일이 있었어요. 대한이가 늘 습관처럼 숙제를 해 오지 않으니까 답답하고 화가 났었어요. 대한이가 매번 약속을 지키지 않는 것 같아서 말이에요. 강욱이가 자꾸 다른 애들을 괴롭혀서 힘들다고 말하는 친구들이 있어서 속상했어요. 친구들끼리 잘 지냈으면 좋겠는데……. 1인 1역할 담당 친구들 중에 자기 역할을 매번 하지 않고 그냥 가는 친구들이 있어서 속상했어요. 내가 해야 할 일인데 관심도 없고 매번 지적받으면서도 하지 않는 친구들을 보면 책임감이 없어 보이고, 우리가 함께 쓰는 교실인데도 교실에 관심이 없는 것 같아 화도 나고 속상했어요."

한 달 간 속상했던 이야기를 하다 보니 마치 봇물 터지듯 열정샘의 속상했었던 마음이 터져 나왔다.

"선생님의 마음이 어땠을지 이야기 해 봅시다."

"선생님, 제가 청소도 안 하고 가서 속상하셨죠?"

"선생님, 제가 숙제를 안 해와서 답답하셨겠어요."

"제가 다른 애들 괴롭혀서 힘드셨겠어요."

"선생님, 제가 1인 1역할 안하고 도망갈 때마다 화 나셨죠?"

"……".

열정샘은 선생님이 느꼈을 감정을 떠올리며 공감하기를 곧잘 하는 아이들이 기특한 생각이 들었다.

"여러분이 내 마음을 알아주니까 고맙고 행복해요."

다음 날 교실의 풍경은 크게 달라진 것 없어 보였지만 그 속에 작은 변화가 눈에 띄었다. 다른 때 같았으면 수업시간에 자주 엎드려 있던 이빈이가 수업 전 선생님의 당부에 대답 후 자신의 지적받던 행동을 자제하려는 모습을 보였기 때문이다. 그 행동이 바로 고쳐지지는 않았지만 이빈이는 당장 책상에 엎드려 있고 싶은 욕구를 조절하는 모습이 나름대로는 선생님을 배려 하고 스스로 조심하는 것처럼 보였다. 지켜야 하는 규칙이라서 억지로 지키는 것이 아니라 상대방이 싫어하는 행동을 알아차리고 조심하려는 다른 아이들의 모습도 열정샘의 눈에는 상대의 입장을 헤아리는 것처럼 보였고 그 아이들이 조금씩 성장해 가는 것 같아 더욱 뿌듯하였다.

교사힐링타임

기대효과 ■ 학생으로 인해 생기는 선생님의 불편했던 마음을 학생들의 공감을 통해서 해소할 수 있다.

■ 학생들이 선생님의 힘든 상황과 마음을 이해하고 배려할 수 있다.

■ 다른 사람과 함께 생활할 때 억지로 지켜야 하는 규칙으로 상대를 대하거나 나의 행동을 조절하는 것이 아니라 다른 사람의 마음을 공감하면서 자신의 행동을 조절할 수 있다.

준 비 물 ■ 공감대화카드

과　　정 ■ **교사 고민 말하기**

· 교사는 한 달 간 학급에서 있었던 속상하거나 화가 났던 일, 안타까웠던 일 등을 떠올리며 '사실과 감정'으로 자신의 이야기를 있는 그대로 풀어낸다.

예) 나는 ○○가 숙제를 잘 해오지 않아 속상했어.

■ **마음 바라보기**

· 학생들은 모둠별로 감정카드를 책상 위에 펼쳐 놓고 선생님의 이야기를 들으며 선생님의 마음이라고 생각되는 감정카드를 고른다.

· 한 사람씩 돌아가면서 선생님의 마음을 공감해준다.

예) 선생님, 제가 숙제를 해오지 않아서 속상하셨겠어요.

■ 바람 알아차리기

· 학생들은 모둠별로 바람카드를 책상 위에 펼쳐 놓고 선생님의 바람이라고 생각되는 카드를 뽑아본다.

· 한 사람씩 돌아가면서 선생님의 바람을 이야기한다.

■ 느낌 나누기

· 바람카드 놀이가 끝난 후 교사를 시작으로 학생들은 어떤 생각이나 느낌이 들었는지 함께 마음을 나눈다.

진 행
도 우 미

■ 학생들이 전해준 카드가 교사의 마음과 다르더라도 공감해주려는 그 노력을 생각하여 거부 없이 받도록 한다.

15. 너, 나 바라보기

"선생님. 선생님! 오늘 6월호 해요?"

6월의 마지막 날 열정샘이 교실에 들어오자 이감이가 질문으로 선생님을 맞이한다.

"안녕, 이감아. 벌써 6월도 끝나가는구나. 이감이가 인사보다 먼저 6월호를 묻는 걸 보니 오늘 〈너, 나 바라보기〉에 꼭 적고 싶은 게 있나보네."

"아, 맞다. 선생님 안녕하세요. 그냥 꼭 적고 싶은 게 있는 건 아닌데 하는지 안 하는지 궁금해서요."

"그렇구나. 오늘 6월호 해야지. 선생님도 6월에 너희들이 어떻게 생각하고 어떻게 지냈는지 궁금하기도 하고, 선생님이 보지 못한 모습이 있는지 알고 싶기도 하니까."

"네. 선생님."

열정샘의 말이 끝나자 이감이가 웃으며 자리로 돌아갔다.

이감이가 말하는 6월호란 매월 마지막 날 자기 자신의 모습을 되돌아보고, 친구들에게 칭찬할 점과 고쳤으면 하는 점을 적는 활동인 〈너, 나 바라보기〉 활동을 말하는 것이다. 매 달마다 활동을 하고 그 결과를 알려주다 보니 아이들이 그달의 활동을 'O월호'라고 부르기 시작했다.

수업시간, 아이들은 긴장감 가득한 표정으로 선생님 책상 위에 있는 〈너, 나 바라보기〉 활동지를 보고 있고, 열정샘은 교실 앞 한가운데 서 있다. 곧 열정샘의 이야기로 수업이 시작된다.

"여러분의 눈을 보니 이번 시간에 어떤 활동을 할지 알고 있는 것 같은데, 이번 시간에 어떤 활동을 할 것 같아요?"

"〈너, 나 바라보기〉 6월호요."

몇몇의 아이들이 큰 소리로 이야기한다. 그 중에는 이걸 또 하냐며 투덜거리는 아이들도 있고, 무언가 기대되는 눈빛으로 이야기하는 아이들도 있다.

"맞아요. 이번시간에는 〈너, 나 바라보기〉를 할 거예요. 한 달 동안 자신의 모습을 돌아보고, 다른 친구에게 하고 싶은 칭찬의 말이나 친구가 더 발전할 수 있게 그 친구가 고쳤으면 하는 점을 적어 볼 거예요."

열정샘은 각 모둠의 나눔이를 불러 활동지를 나눠준다. 활동지의 앞쪽에는 한 달 동안 자신의 모습을 돌아보고, 선생님께 하고 싶은 말을 적는다. 그리고 뒤쪽은 칭찬하고 싶은 친구를 적는 '너의 이런 점이 좋아'와 고쳤으면 하는 행동을 가진 친구를 적는 '이것만은 고쳐줘'로 나뉘어져 있다. 아이들이 투덜거리거나, 기대되는 눈빛을 하고 있는 이유는 뒤쪽에 있는 내용 때문이었다. 자신의 한 달 동안의 행동이 다른 친구들 눈에 어떻게 비춰지고 있을지 기대되기도 하고 또 걱정되기도 하기 때문이다.

"이제 활동을 시작해 볼 거예요. 앞쪽에는 한 달 동안 자신의 모습을 돌아보고, 스스로에게 자랑스럽거나 혹은 반성할 점을 적으면 됩니다. 아래쪽에는 선생님께 드리고 싶은 말을 쓰면 됩니다. 뒤쪽으로 넘어가 볼까요?"

뒤쪽으로 넘기며 교실에는 알 수 없는 긴장감이 감돈다.

"여기엔 친구들이 한 달 동안 했던 행동을 떠올려 보고 친구들에게 전하고 싶은 말을 적을 거예요. '너의 이런 점이 좋아'에는 친구들이 했던 행동 중에서 칭찬할 내용, 고마웠던 점을 적으면 됩니다. 글을 쓸 땐 무엇 때문에 그런 감정이 들었는지, 사실 더하기 감정으로 적어야 해요. 예를 들면 '땡땡이가 학원을 같이 가 줘서 수업 마칠 때 기대되었어' 이렇게요."

열정샘의 설명이 끝나기도 전에 몇몇 아이들은 벌써 활동지에 내용을 적고 있었다. 이번이 네 번째니 익숙해 질 만도 하다. 하지만 열정샘은 다시 한 번 내용을 전달하기 위해 집중을 시킨다. 꼭 지켜줬으면 하는 유의사항을 아이들에게 전해주기 위해서다.

"그리고, 아래쪽에 '이것만은 고쳐줘'가 있는데. 알다시피 여기엔 친구들이 고쳐줬으면 하는 내용을 적을 거예요. 이것도 마찬가지로 사실 더하기 감정으로 적어주세요. 그리고 여기엔 하나 추가. 그 친구가 발전하기 위해서 어떤 방향으로 행동을 고쳤으면 하는지 그 바람도 함께 적어주세요."

열정샘은 조용한 교실을 한 번 둘러보고 설명을 이어간다.

"뒤쪽의 내용을 적을 땐 친구들이 더 좋은 모습이 될 수 있게 여러분의 말이 도움이 되었으면 좋겠어요. 친구들이 자신의 장점은 더 살리고, 자신의 단점은 고칠 수 있게. 특히 '이것만은 고쳐줘'를 적을 때는 그 내용을 읽을 친구의 마음도 생각해서 적어주세요."

열정샘이 특별히 '이것만은 고쳐줘'에 대하여 한 번 더 이야기한 이유는 그동안 활동에서 아이들이 한 달 동안 쌓였던 스트레스나 친구에 대한 서운함을 '이것만은 고쳐줘'에서 쏟아내는 경우가 있었기 때문이다. '짜증난다, 밉다, 화난다'라는 원초적인 감정이 나와서 친구들에게 상처를 주는 경우도 있었다. 이번에도 그런 점이 걱정스러워 열정샘은 아이들에게 다시 한 번 친구들의 마음을 생각해서 적어달라고 강조하였다.

"선생님 그런데 적을 게 없으면 어떻게 해요?"

이슬이가 손을 들고 질문을 한다.

"한 달 동안 떠올려 봐도 마땅히 떠오르는 게 없나보네. 떠오르는 게 없는데 적으려고 하니 막막하겠다. 친구들에게 도움을 주기 위한 활동이니 생각나는 게 있으면 적으면 좋겠지만, 도저히 생각이 안 나면 생각나는 것 만 적어도 좋아요."

열정샘의 말과 함께 아이들은 다시 고개를 숙여 집중해서 활동지를 적어 나간다. 시간이 끝나가자 한 명씩 활동지를 끝낸 친구들이 나온다. 제일 먼저 활동지를 끝낸 사랑이는 자신의 모든 것을 쏟아냈다는 듯이 연필을 손에 쥔 상태로 몸에 힘이 빠진 듯 늘어져 앉았다. 몇몇의 아이들은 책상에 엎드려 있으므로 자신의 활동이 끝났음을 보여준다. 시간이 조금 더 지나자 모든 아이들이 활동을 끝냈다.

"이제 모든 친구들이 활동을 끝낸 것 같아요. 연필을 손에서 놓고 선생님을 보세요."

아이들의 눈이 다 자신을 향하기를 기다리던 열정샘은 아이들이 모두 집중을 하자 말을 시작했다.

"오늘 활동이 자신의 모습을 바라봐보고, 다른 친구들의 모습도 다시 한 번 볼 수 있는 시간이었길 바랍니다. 칭찬받은 내용은 잘 기억하고, 고칠 점이 있는 친구들은 노력해서 7월에는 더 좋은 모습으로 성장할 수 있는 우리 반이 되었으면 좋겠어요. 활동지를 마무리 한 친구들은 선생님께 활동지를 내 주세요. 시간이 더 필요한 친구들은 다 적은 다음 선생님께 내 주세요."

열정샘의 말에 아이들은 하나둘 활동지를 냈다.

아이들이 집으로 돌아 간 후 열정샘은 아이들이 적은 내용을 읽어 보기 위해 자리에 앉았다. 아이들의 글에는 자신의 눈으로 본 친구들의 모습이 다양하게 적혀 있었다.

'너의 이런 점이 좋아.'

'사랑이가 또래 상담할 때 제 이야기를 잘 들어줘서 마음이 편안해졌어요.'

'하나가 만날 때마다 큰 소리로 인사해줘서 반가웠어요.'

'다정이가 준비물을 빌려줘서 고마웠어요.'

그리고 바로 아래쪽에 있는 '이것만은 고쳐줘'로 눈을 옮겼다. 열정샘도 항상 긴장하는 순간이다. 여기에 쓴 글들이 다른 친구들에게 상처를 주진 않을지, 친구들의 감정을 더 나쁘게 만들진 않을지 걱정되었기 때문이다.

'유한이가 말할 때 목소리가 작아서 답답할 때가 많아요. 친구들이 잘 들을 수 있게 좀 더 큰 목소리로 이야기 해줬으면 좋겠어요.'

'우동이가 복도에서 뛰어 다닐 때 다칠까봐 걱정되었어요. 실내에서는 천천히 걸어 다녔으면 좋겠어요.'

'이것만은 고쳐줘'를 읽어내려오던 열정샘은 뿌듯함을 느꼈다. '짜증난다, 화난다' 일색이던 감정이 이젠 좀 더 다양해지고 친구를 걱정하는 마음과 성장했으면 좋겠다는 바람까지 잘 나타나 있었기 때문이다. 열정샘은 한명 한 명의 글을 읽으며 그 내용을 바로 컴퓨터에 옮겼다. 컴퓨터에 옮기면서 친구들의 관계는 지금 어떤지도 살펴보았고, 자신이 놓치고 있었던 사실은 무엇인지도 확인해 보았다.

며칠 후 열정샘은 몇 장의 종이를 손에 들고 아이들 앞에 섰다. 바로 〈너, 나 바라보기〉 6월호 결과였다. 아이들이 적어낸 '좋은 점'과 '고칠점'을 학생별로 분류해서 정리해 해당 학생들에게 나눠주기 위해 하는 일인데, 이 순간이 아이들에게는 긴장의 순간이다.

"선생님. 손에 들고 계신 거 6월호 결과죠?"

우동이가 걱정되는 눈빛으로 선생님을 바라본다.

"네. 오늘 선생님이 6월호 결과를 나눠줄 거예요. 지난달과 같이 선생님이 준 결과를 일기장에 붙이고, 결과를 보고 느낀 점이나 다짐을 일기로 적어오는 거예요."

열정샘은 아이들에게 결과표를 나눠주며 이야기를 이어갔다.

"이 활동 결과를 보면, 한 달 동안의 자신의 모습에 만족스러운 친구들도 있을 것이고, 친구들이 자신을 보는 눈에 실망하는 친구들도 있을 거라고 생각해요. 비록 지금은 불편한 감정이 들더라도, 서로를 바라보고 있는 그대로 말해주는 것이 여러분의 성장과 발전에 도움이 될 것이라고 생각합니다. 7월에도 서로의 감정을 생각하며 서로의 성장을 위해서 노력하는 우리 반이 되었으면 좋겠습니다."

결과표를 받는 아이들의 표정에는 희비가 교차했다. 칭찬할 점에 많은 내용이 적힌 친구들은 밝은 표정으로 자리에 돌아갔다. 고칠 점에 많은 내용이 적힌 친구들은 시무룩한 표정으로 들어가거나, 받은 종이를 얼른 접어서 가방에 집어넣었다.

그리고 고칠 점이 한 번도 적힌 적이 없던 강욱이는 처음으로 고칠 점에 이름이 적혔다.

'강욱이가 갑자기 소리를 크게 지를 때 놀라기도 하고 무섭기도 해요. 화날 때도 대화로 해결했으면 좋겠어요.'

자신의 이름이 고칠 점에 적혀 있다는 것이 화나기도 했지만, 친구가 자신에게 그런 말을 해준 적이 한 번도 없었기 때문에 강욱이는 그 결과가 부끄럽고, 당황스러웠다. 강욱이는 종이를 구겨 쥐고는 주변을 훑어보며 자리로 돌아갔다.

마지막으로 받은 유한이는 평소에는 '좋은 점'도 '고칠 점'도 거의 적히지 않는 학생이었다. 하지만 이날, 많지는 않지만 글이 적혀 있었다. 유한이는 내용을 읽지 않은 채로 알림장에 결과표를 꽂아 두었다.

너의 이런 점이 좋아

유한이와 이야기할 때 유한이가 집중해서 들어주는 것 같아서 이야기하면 마음이 좀 편해져요.

유한이가 〈모둠상담〉할 때 공감을 해줘서 고마웠어요.

이것만은 고쳐줘

유한이가 말할 때 목소리가 작아서 답답할 때가 많아요. 친구들이 잘 들을 수 있게 좀 더 큰 목소리로 이야기 해줬으면 좋겠어요.

6월호

항상 긴장된다. 세 달 동안 결과를 받았을 때 '너의 이런 점이 좋아'는 늘 빈 종이여서 기대를 안 하고 있었다. 하지만 이번 달은 뭔가 다르지 않을까? 그래서 항상 〈너, 나 바라보기〉 결과표를 받을 때는 두근거린다. 집에 와서 알림장을 펼쳤을 때 종이에 내용이 적혀 있는걸 보고 엄청 놀랐다. 게다가 '너의 이런 점이 좋아'에 두 개나 적혀 있다니……. 완전 기분이 좋았다. 앞으로 친구들 이야기를 더 잘 들어줘야겠다.

'이것만은 고쳐줘'에 적힌 말은 잘 모르겠다. 평소에 친구들이랑 이야기하면 난 크게 이야기한다고 생각하는데, 왜 저런 내용이 적혀 있는지 이해가 안 된다. 내가 목소리를 작게 할 때는 다 이유가 있어서 그런 건데……. 그런 말을 들으니 속상하다. 그래도 친구들이 답답하다고 하니까 이야기할 때 목소리를 조금 더 크게 해야겠다.

아무튼 오늘 결과는 만족스럽다. 다음에는 '너의 이런 점이 좋아'에 더 많이 적힐 수 있도록 노력해야겠다.

너, 나 바라보기

기대효과 ■ 친구들이 생각하는 자신의 모습을 돌아보고 평소 자신의 말이나 행동이 친구들에게 미치는 영향을 알 수 있다.

준 비 물 ■ '선생님께만 들려 드려요' 학습지

과　　정 ■ **생각해보기**

· 눈을 감고 한 달동안 있었던 일을 머릿속에 떠올려 본다.

■ **선생님께만 들려 드려요**('선생님께만 들려드려요' 학습지)

· 지난 시간 동안 자신의 행동을 돌아보고 자신의 행동에 대해 스스로 판단해보는 시간을 가진다.

· 친구들의 장점과 좋았던 점을 학습지에 적는다.

· 이때 '사실+감정'을 적도록 안내한다.

· 친구들이 고쳤으면 하는 행동을 학습지에 적는다.

· 고쳤으면 하는 행동을 적을 때는 친구의 입장에서 도움이 될 수 있는 행동(바람)도 포함해서 적을 수 있도록 한다(학습지에 안내)

진　행
도 우 미
■ 활동 학습지 내용은 익명성을 보장하며, 친구들에게 도움을 주기 위한 자료로만 활용된다는 것을 안내한다.

■ 활동이 끝난 후 '너의 이런 점이 좋아.'를 통해 장점을 찾고 자긍심을 높여주며, '이것만은 고쳐줘'의 결과를 통해 추후 올바른 행동체계를 탐색하는 자료로 사용한다.

■ '이것만은 고쳐줘'에는 친구에게 도움을 주고자 하는 마음을 가지고
쓸 수 있도록 한다.

■ 느낌 나누기는 결과를 알려준 이후에 한다. 결과를 알려주는 방법은
학급 특색에 맞추어하되 다음과 같은 방법을 활용 할 수 있다.

· 일기장에 개인적으로 붙여서 느낀 점을 일기로 적어오기

· 교실 게시판에 학생 이름을 빈칸으로 해서 붙여주기

0 월 선생님께만 들려 드려요

학년　반 이름(　　　　　)

나에게 하고 싶은 말

· 한 달 동안 잘한 점이나 고쳤으면 하는 점을 써주세요.

· 자신의 행동에 따른 감정도 함께 적어주세요.

(예) 준비물을 잘 챙겨서 혼자 잘할 수 있다는 자신감이 생겼습니다.

(예) ○○이에게 화를 내고 때린 제가 부끄럽고, 실망스럽습니다.

우리 선생님은요!

· 선생님께서 하신 말씀 중에 사랑 혹은 상처가 되었던 말씀이나 경험을 적어주세요.

· 앞으로의 바람도 함께 적어주세요.

너의 이런 점이 좋아!

· 친구의 장점이나 칭찬하고 싶은 말을 써주세요.

· 그 친구의 행동에 따른 나의 감정도 함께 적어주세요.

· 행동과 감정을 구체적으로 써주세요.

(예) 우리 반 친구 ○○은 멀리서도 손을 흔들고 인사를 해서 만날 때마다 반갑습니다.

(예) 우리 반 친구 ○○는 준비물을 잘 빌려줘서 든든하고 고맙습니다.

이것만은 고쳐줘!

· 친구가 고쳤으면 하는 점을 적어주세요.

· '친구가 한 행동(상황) + 그때의 감정 + 바람'을 함께 써주세요.

· 친구에게 상처를 주기 보단, 친구가 더 발전할 수 있는 말을 써주세요.

(예) 우리 반 친구 ○○는 이야기하는 중에 말을 끊어서 속상하였습니다.
    이야기를 다 듣고 나서 자신의 이야기를 계속해줬으면 좋겠습니다.

얘들아, 마실 가자!

친구의 이런 점이 좋아요!!(8-9월)

이름	좋은 점
○○○	• 우리반 친구 ○○○는 잘 웃겨줘서 재미있어요 • ○○○는 웃긴 얼굴 그 자체가 즐겁습니다 • ○○○는 친구들에게 웃음을 주어 좋습니다 • ○○○는 잘 웃고 착해서 다른 사람에게 웃음을 주는 재밌는 친구이다 • ○○○는 잘 웃고 개그 있게 하는 것이 재미있다
○○○	• 우리반 친구 ○○○는 친구를 놀리 듯이 하여도 욕지 않고 착합니다 • ○○○는 내가 힘들고 우울할 때 웃어주어 안심되었습니다
○○○	• ○○○는 친구들과 잘 놀아주어 고마워요 • ○○○는 재밌고 유머가 있습니다 • ○○○는 재미있어서 좋습니다
○○○	• ○○○는 재티를 잘 나눠줘서 고마워요
○○○	• ○○○는 나를 보면 항상 반갑고 신나게 인사를 주어서 만날 때 힘이 나고 신이 납니다 • ○○○는 내가 치는 장난을 다 받아줘서 고맙다
○○○	• 내가 외로울 때 외로움을 잘 채워 주고 장난 걸어 주고 말 걸어 주어서 고마웠습니다 • ○○○는 항상 따뜻한 말로 친구들을 기쁘게 해 주어서 고맙고 보면 신이 납니다 • ○○○는 친구들과 친하게 지내고 인사를 잘 해 주는 것이 고맙다 • ○○○는 친절하게 대하 주고 물건을 잘 빌려줘서 고맙습니다. • ○○○는 잘 도와주고 착하게 대해 주고 항상 웃어주어서 좋습니다
○○○	• ○○○는 내가 필요을 안 가져왔을 때 지우개를 빌려주어서 고맙다 • ○○○는 공부를 잘 가르쳐 줘서 좋다
○○○	• ○○○는 내가 필요한 물건을 잘 빌려줘서 고맙다
○○○	• ○○○는 내가 장난을 쳐도 잘 받아줍니다
○○○	• ○○○는 제 옆에서 제가 모르는 것이 있을 때 친절히 가르쳐주어서 고맙습니다 • ○○○는 항상 밝은 분위기를 만들어 주어서 고맙습니다

이름	좋은 점
○○○	• ○○○는 착하고 숙제도 잘 해오고 준비물도 잘 챙기고 조용히서 좋습니다 • ○○○는 장난을 잘 받아주어서 고맙습니다 • ○○○는 항상 착하고 웃겨서 친구로서 질 좋은 친구이다 • ○○○는 재밌게 해 줘서 좋다 • ○○○는 조용하고 장난을 쳐도 잘 받아줘서 고맙다
○○○	• ○○○는 내 고민을 항상 들어주고 귀여워서 고맙고 든든하다 • ○○○는 내가 힘들고 우울할 때 웃게 해 줘서 고맙다 • ○○○는 재밌게 해 주고 아들 해 줘서 보건실에 가 주어서 고마웠다
○○○	• ○○○는 예쁘고 나에게 잘해주고 귀여워도 있어서 항상 고맙고 친구로서 정말 좋은 친구이다 • ○○○는 엉뚱한 매력으로 친구들을 즐겁게 해 줘서 좋습니다
○○○	• ○○○는 내가 준비물을 까먹었을 때 잘 빌려주어서 고맙습니다 • ○○○는 아들 해 줄 때 "괜찮아"라고 말해 줘서 고마웠습니다
○○○	• ○○○는 준비물을 잘 빌려줘서 고맙습니다.

★ 친구들이 좋아하는 친구는 어떤 친구일까요?
1. 힘들 때 잘 도와주고 마음을 잘 이해해 주는 친구.
2. 잘 놀아주고 같이 놀아주고 말 걸어주는 친구
3. 장난을 쳐도 잘 이해해 주고 잘 받아주는 친구
4. 모르는 것을 잘 가르쳐주는 친구

내가 친구들을 놀리고
과학시간에 실험도구를 만지고,
허락 없이 만지는 것을 했었는데
친구들한테 미안한 것 같다.
내가 친구들을 놀려서 미안하다.

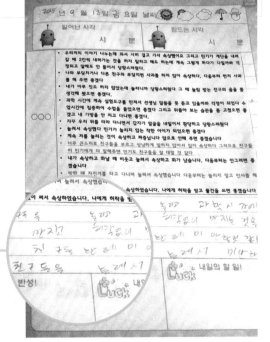

16. 검은 물 맑게

빈 수조와 물을 가득 담은 수조, 비커, 검정색 잉크, 작은 컵 한 개를 가운데 두고 아이들이 교실 바닥에 모두 빙 둘러 앉았다. 아이들은 준비물을 보고 무슨 활동을 할지 궁금해 하는 표정들이다.

"선생님, 오늘은 무슨 활동을 할지 궁금해요."

"하하, 우동이가 이 준비물로 뭘 할까 궁금한가 보구나."

열정샘은 〈검은 물 맑게〉 활동을 설명해나갔다.

"이제 한 학년을 마무리하면서 새 학년에서도 마음을 나누는 교실을 꾸준히 이어나가려면 우리가 어떻게 해야 하는지 생각을 정리해 봤으면 해요. 우리 자신을 돌아보는 〈검은 물 맑게〉 활동이지요. 우리들 한 사람 한 사람이 하는 말과 행동이 우리 반 전체 분위기를 만들어 나간다는 것을 몸으로 겪어보는 활동입니다. 자~ 그럼, 우리가 하는 생각과 말 한마디, 작은 행동으로 우리 모두에게 무슨 일이 일어나고 있는지 같이 지켜보기로 해요."

열정샘은 수조 안에 물을 사분의 일쯤 담은 비커를 넣고 잉크를 한 방울 떨어뜨렸다. 아이들이 잉크가 퍼지는 걸 지켜볼 때 사뭇 진지한 목소리로 그 뜻을 설명했다.

"누군가 상처되는 말을 한마디 무심코 던집니다."

열정샘은 비커에 잉크를 한 방울 더 떨어뜨렸다. 물은 금방 진한 색깔로 변했다. 아이들도 갑작스럽게 색이 변한 물을 보고 놀라는 표정이다.

"무심코 던진 말에 또 누군가 상처 되는 말을 한마디 보탭니다. 그 말은 아무렇지도 않게 금세 퍼집니다."

열정샘은 마지막 한 방울을 더 떨어뜨렸다. 수조 안 비커의 물이 완전히 까맣게 되었다.

"상처를 주는 말과 행동들이 반복되면서 이제 우리 반 모두가 힘들어 합니다. 친구를 함부로 여기는 생각, 아무렇지도 않게 놀리고 비난하는 말과 행동이 순식간에 우리 반을 어둡게 만듭니다. 누가 이 물을 맑게 할 수 있을까요?"

"우리들이요."

열정샘은 우동이의 대답을 반갑게 받아들이며 이야기를 계속 풀어나 갔다.

"우리들이 이 물을 어떻게 맑게 바꾸어 갈 수 있을까요? 지금부터 서로 에게 따뜻하고 평화로운 교실을 한 사람 한 사람이 동참하여 만들어 봅 시다. 누가 시작해 볼까요?"

"제가 먼저 해 볼게요. 선생님, 그런데 어떻게 해요?"

손을 들고 먼저 나서는 희망이가 물었다.

열정샘은 컵으로 맑은 물을 떠서 잉크물이 담긴 비커에 붓는 흉내를 냈 다. 그리고 희망이에게 작은 컵을 건넸다. 희망이는 컵에 맑은 물을 담아 검은 물 비커에 부었다.

"누군가 친구를 소중히 여기는 마음으로 따뜻한 말을 한마디 건넸습 니다."

열정샘은 아이들 한명 한 명이 행동할 때마다 의미를 담아 설명하는 말을 해나갔다. 옆으로 컵이 건네지면서 아이들이 맑은 물을 부을수록 검은 물이 조금씩 맑아져 갔다. 비커의 물이 빈 수조로 넘쳐흘렀다. 열정샘은 맑아진 비커를 수조에서 꺼내 아이들이 모두 잘 볼 수 있도록 잠시 동안 들고 있었다.

"와~ 맑아졌어!"

아이들이 맑아진 물을 보고 감탄했다. (아이들 스스로 물을 맑게 바꾸어낸 뿌듯함이 묻어 있었다.)

"본래 이 물은 맑았지요? 그런데 상대를 함부로 생각하고 상처되는 말, 무시하는 행동이 보태지면서 검은 물이 되었어요. 우리들의 생각과 말과 행동이 내가 있는 우리 교실을 만들어 갑니다. 우리 모두 서로를 소중히 생각하고, 서로에게 힘이 되고 희망을 주는 말을 건네고, 따뜻하게 손잡아 주는 작은 행동들이 계속되어 검은 물이 맑아졌습니다."

아이들의 활동에 의미를 담은 열정샘의 이야기에 사뭇 진지한 분위기이다. 열정샘은 마음이 평화로워지는 기운을 느꼈다. 아이들은 오늘 활동이 어땠을까?

"오늘 〈검은 물 맑게〉 활동을 하면서 어떤 느낌이 들었는지 궁금해요. 이야기 해 봅시다."

"선생님, 잉크 한 방울이었는데 이것을 되돌리는 데 많은 물이 들어가요. 놀랐어요."

"맞아요. 물을 계속 부어서 거의 두 바퀴 돌 때 맑아졌어요. 계속 물을

얘들아, 마실 가자!

부어도 맑아지지 않아서 조마조마하기도 하고 어느 순간 맑아지니까 신기하기도 했어요."

"상처가 되는 말은 한두 마디지만 이것을 되돌리는 데는 우리 반 모두의 많은 노력이 필요해요."

"맑은 물이 되는 걸 보고 왠지 뿌듯했어요. 우리 모두가 해냈다는 기분이 들어요."

"여러분 이야기를 듣고 보니 이 시간에 우리 모두가 따뜻한 마음을 나누는 교실을 만들어가는 씨앗을 심었다고 생각해요. 이것을 마음에 담고 키우며 살아갔으면 좋겠어요."

열정샘은 아이들 이야기를 들으며 입가에 미소가 번졌다.

'눈에 보이는 단순한 활동이지만 아이들의 활동 하나 하나에 의미를 담아 이야기를 전하고 나니 아이들이 쉽게 받아들이는구나. 이 활동이 아이들 마음에 울림이 되어 자신의 생각과 말과 행동을 돌아보며 새롭게 받아들이는 소중한 시간이 되어 뿌듯해.'

"그동안 우리가 마음을 나누는 활동을 한 해 동안 해왔지요. 새 학년에 올라가서도 서로에게 건네는 따뜻한 말 한마디, 따뜻한 눈빛, 따뜻하게 손잡아 주는 행동이 이어지고 마음을 나누는 교실을 스스로 만들어가길 바랍니다."

열정샘은 〈검은 물 맑게〉 활동으로 마음을 나누는 한 해 과정을 마무리 지었다. 다음 해에도 계속해서 마음을 나누는 교실을 만들어 나갈 수 있겠다는 희망을 아이들에게서 발견하면서 말이다.

검은 물 맑게

기 대 효 과 ■ 마음을 나누는 교실을 만들어 가는 것은 한 사람 한 사람의 생각, 말 한마디, 작은 행동임을 인식하고, 모두의 노력으로 다시 회복 가능 함을 알 수 있다.

준 비 물 ■ 수조 2개, 비커, 작은 컵, 검정색 잉크, A4 용지, 조용한 음악

과 정 ■ **검은 물 맑게**

· 비커에 깨끗한 물을 3분의 1 정도 채운다.

"우리가 하는 생각과 말 한마디, 작은 행동으로 무슨 일이 일어나고 있는지 같이 지켜보기로 해요."

· 빈 수조 가운데에 물이 담긴 비커를 넣고, 비커에 잉크를 한 방울, 두 방울 떨어뜨린다.

"누군가 상처 되는 말을 한마디 무심코 던집니다. 또 누군가 한마디 를 아무렇지도 않게 보탭니다. 상처를 주는 말과 행동들이 반복되면 서 이제 그 친구는 마음이 무겁고 힘들어 집니다."

· 검은 물 비커에 돌아가며 한 컵씩 맑은 물을 붓는다.

"한 친구가 힘들어하는 친구에게 다가와 따뜻한 말을 한마디 건넵 니다."

· 비커의 검은 잉크물이 맑은 물이 될 때까지 물을 계속 붓는다.

"친구를 존중하는 마음, 따뜻한 말 한마디, 작은 손길을 건넨 여러 분의 보탬이 모여 친구의 마음을 밝게 하고, 따뜻한 우리 교실을 만 드는 데 큰 보탬이 됩니다."

■ 느낌 나누기

· 활동을 하면서 느낀 점, 알게 된 점 등에 대해서 이야기한다.

진 행
도 우 미

■ 조용하고 진지한 분위기를 유지한다.

상처 주는 말 한마디

따뜻한 말 한마디

따뜻한 손길,
점점 맑아지는 마음

참고문헌

김명신 외(2013) 〈공감대화카드〉, 학지사심리검사연구소

문재현 외(2012) 『학교폭력 어떻게 만들어지는가』, 살림터

문재현 외(2012) 『학교폭력 멈춰』, 살림터

문재현 외(2012) 『왕따 이렇게 해결할 수 있다』, 살림터